যারা এখনও কবিতা পড়ে

৯০ টি কবিতার সংকলন

সু

Made with ♥ on the Notion Press Platform

www.notionpress.com

উৎসর্গ

তাদেরকে যারা এখনও কবিতা পড়ে ,

সেই বান্ধবীকে যে একসময় কবিতার খাতা চেয়ে নিয়ে কবিতা পড়তো
(এখন আর তার সাথে কথা হয় না),

আমার জীবনের আলো, আমার ঝুনি মা আর আমার মিকু বাবাকে।

বিষয়বস্তু

বিষয়বস্তু

বিষয়বস্তু

বিষয়বস্তু

অনুক্রমণী

ভূমিকা

ঠিক যতোটা বর্তমান পাঠক কবিতা কে অবহেলা করে, আমি তার চেয়েও বেশি অবহেলা করেছি। চারিদিকে ছড়িয়ে ছিটিয়ে রেখেছি, কত কবিতা হারিয়ে গেছে তার কোনো হিসেব নেই। তাই ধীরে ধীরে তাদের একত্রিত করার প্রচেষ্টা শুরু করেছি।অনুরোধ করব, দিনে একটা করে কবিতা পড়ার। নাহলে কবিতার রস আস্বাদন করা যায় না, একটা ফুচকা গিলতে না গিলতে আরেকটা পাতায় পড়লে যেমন হয় আর কি!

যারা এখনও কবিতা পড়ে
(কবিতা সংকলন)
সু
লেখা: সু
ইমেইল: suwrites2025@gmail.com
প্রকাশক: Notion Press
সাল:2025

1. কি ভয়াবহ তুমি জানো না

কি ভয়াবহ তুমি জানো না

তুমি জানো না,
এই নীরবতার অভিশাপ,
একটু একটু করে
নিজেকে হারানো ,
গুমড়ে মরা ...
তুমি জানো না ,
ঠিক কতটা কঠিন
মানুষের প্রাণ ।
চোখের বাঁধ ,
কি ভয়াবহ ঝড়
আটকে রেখেছে ,
ধ্বংস হওয়া
সংসারের বিছানায়
ভালোবাসার মৃতদেহের পাশে
না-প্রেমিকের সাথে নগ্ন শরীরে
নিস্তব্ধ হয়ে ঘুমায়
যে মেয়েটা ,
তার ঘুমের ভেতরে
কি ভয়াবহ স্বপ্নেরা
তাড়া করে ,
ক্লান্তিতে তার পা নড়ে না,
তার চামড়া জুড়ে
কি অসম্ভব জ্বালা,

তুমি জানো না ।
জন্মব্যাপী দীর্ঘশ্বাস,
বর্ষা, শীত আর অন্ধকার,
যেন কোনোদিনও তোমার না হয়!
শেষ হয়ে যাওয়া গল্প
তবু লিখে যাওয়ার বাধ্যতা,
এই অপারগতা
কোনোদিনও যেন তোমার না হয়!
জীবনের তছনছ হওয়া
চলচ্চিত্র দেখতে দেখতে
চোখের জল মেখে
ভাত মুখে তোলে
যে রক্ত মাংসের প্রাণ,
গোগ্রাসে গেলে;
শ্বাসরোধ কোরে,
বাক রোধ কোরে ,
নিস্তব্ধ হতে হবে তাকে ।
নিজের মাথার দাম!
তুমি জানো না,
মানুষের সামনে
' ভালো আছি ' বলার কষ্ট,
ঈশ্বরের সামনে
'ভালো নেই ' বলার ভয়।
তুমি জানো না ,
অতীতের ক্ষত,
অবিশ্বাসের যন্ত্রণা,
কথা বলার মত
কেউ না থাকার ভয়ংকর অভাব,
আরো একদিন ঘুম ভাঙার শাস্তি ,

আরো একটা সকাল দেখার শোক ,
আরো বেশি বেঁচে থাকার রোগ ,
শান্তির ঘুম ,
তুমি জানো না ,
কতখানি অমৃত সমান।

2. রূপকথা

রূপকথা

____

এসো, তোমাকে একটা স্বপ্ন দেখাই।
একটা ছাদ, একটু ভাত আর তুমি;
দিব্যি রূপকথা।
এসো, তোমাকে চেনাই আকাশ,
"শুধু আমার" বলার খুশি, বাড়ির দরজা,
মাধবীলতা।
হাতদুটো দাও, আমি কাঁধটুকু দিই,
এসো তোমাকে চেনাই শান্তি;
সাগরের গভীরতা।
এসো, কোনো এক প্রান্তিক গ্রামে
তোমার- আমার নামে,
একটা বট গাছের জন্ম দিই।
নিঃসংকোচে অস্ত্র নামাও, নিশ্চিতে শোও,
আমি কোল দিই, তুমি চিনে নিতে দাও
তোমার বুকের সুবাস, পিঠের ক্ষত,
শব্দের নীরবতা।
এসো, তোমাকে চেনাই তুমি;
একঘর রোদে আয়না পুড়ুক,
নিঃশ্বাস নাও, নির্ভয়ে খোলো চোখ!

৩. বিষাদ

বিষাদ

____

প্রাণ লিখবো বলে
পর্দা সরিয়ে আবাহন করি আলো
অথচ কলমে
নেমে আসে অন্ধকার,চোখের কোণে কালো।
ছন্দ লিখবো বলে
কুসুম সূর্য রাঙ্গা ভোরে
কান পেতে শুনি প্রাণচঞ্চল পাখির কলতান,
অথচ স্মৃতির পথ বেয়ে
ফিরে আসে বিদেহী সভ্যতার শীতল আর্তনাদ।
শরতের ঝলমলে মাঠে
কবিতা লিখবো বলে বিছিয়ে দিই চাদর,
অথচ সেই চাদরে
ঘনায় আষাঢ়ে ধূসর মেঘ, অশুভ অশনি সংকেত।
আমি কি করে লিখি সুখের কাব্য,
কি করে লিখি একরাশ ভালোথাকা!

4. অনেকদিন ভালো ঘুম হয়নি

অনেকদিন ভালো ঘুম হয়নি

সব ক্লান্তি দূর করে দেওয়া
কিশলয়ের নরম সবুজ আলোর মত,
একটা মন ভালো করা গল্প খুঁজছি।
সরীসৃপ সভ্যতার
ধোঁয়া আর ধুলো, বিষ আর কাদা,
ঢেকে ফেলে লোমকূপ, দৃষ্টি, কণ্ঠ।
গা ধুয়ে ক্ষণিক বিশ্রাম
নিতে নিতে বুঁজে আসে চোখ;
হাহাকার তাড়া করে ঘুমের ভেতর।
খোলা চোখে যে স্বপ্ন দেখি
বন্ধ চোখের স্বপ্নের চেয়ে
তারা ঢের ভালো,
তারা ক্ষত ছোঁয়না, ব্যথা দেয়না।
যে গল্পে কোনো ব্যথা নেই,
কথা ভাঙ্গার কথা নেই,
যে গল্পে মানুষ আছে,
মানুষরূপী দানব নেই;
কথা যেখানে থই এর মত নরম,
স্পর্শ যেখানে পাপড়ির মতো কোমল,
ভালোবাসা, ভালোথাকা,
ভালো চাওয়া, ভালো রাখার দেশে,
একটা গল্প খুঁজছি,
যে গল্পো শুনলে,

সকালে খুশিতে জাগা যায়।
মাথায় হাত বুলাতে বুলাতে,
একটা মন ভালো করা গল্পো বলবে?
অনেকদিন ভালো ঘুম আসেনি।

৫. ছাদহীন শহর

ছাদহীন শহর

───────────────

এখন আমার বাস এক ছাদহীন শহরে;

এখানে কথারা উড়ে বেড়ায়,

ছুঁয়ে চলে যায়,

ধরতে গেলেই হাওয়া।

এখানে দূরত্ব বাড়ে সময়ের ব্যস্তানুপাতে,

সূর্যের কোনো রাগ অভিমান নেই।

এখন আমার বাস এক ছাদহীন শহরে;

এখানে কবিতার গাছে ফুল ফোটে না,

রাতের পর রাত বিছানো থাকে চাদর,

শব্দেরা কাছে আসে না।

জানলার কাঁচ ভেদ করে ঘরে ঢোকে

ল্যাম্পপোস্টের আলো;

সেই আলোর ফোয়ারা বেয়ে

সুর নামে, ছন্দ নামে---

দুইয়ে মিলে গান হয়ে ওঠে না।

এখন আমার বাস এক ছাদহীন শহরে;

এখানে সিঁড়ি অনেক উঁচু, অফুরন্ত;

সেই সিঁড়ি বেয়ে উঠে

গায়ে আকাশ মাখা যায় না,

বৃষ্টি ভেজা যায় না,

মেঘের টুকরোয় আঁকা যায় না চেনা মুখ।

এখানে মানুষ থাকে,

মানুষ এখানে ভালো থাকে,

ক্লেশহীন, বিরামহীন
আওয়াজের অনুরণনে মাতিয়ে রাখে শহর;
মনখারাপের সুযোগ পায় না।
এখন আমার বাস এক ছাদহীন শহরে;
এখানে অলিতে গলিতে
কর্মযজ্ঞের বিশাল আয়োজন,
অথচ কবির কলমে কবিতা ধরা দেয় না।

৬. নির্ভুল জনার্দন

নির্ভুল জনার্দন

যাদের মনে কোনো জিজ্ঞাসা নেই,
প্রশংসা করার গুণ নেই,
হৃদয়ে ভালোবাসা নেই,
আলোচনা শোনার মতো শিরদাঁড়া নেই ,
তারা সমস্ত পুরাণ মিথ্যে করে দিয়ে
হয়ে উঠেছে 'নির্ভুল' ভগবান!
যারা বোবা , কালা ,
তারা ভালো আছে।
যারা শুনছে, অথচ বলতে পারছে না ,
তারা চার দেওয়ালের ভেতরে
একা, আরো একা হয়ে পরছে ।
আর যারা যন্ত্রণা সহ্য না করতে পেরে
বলে ফেলছে,
তাদের মুক্তি দেওয়ার দায়িত্ব
তুলে নিয়েছেন এই নির্ভুল জনার্দন।
এই বুঝি দেশদ্রোহীর তকমা গলায় পড়লো।
শিক্ষা ও বুদ্ধির মধ্যে যে বিস্তর তফাৎ
তা দেশের দিকে তাকালে বুঝতে পারি ।
যাদের শিক্ষা নেই ,
পেটে ভাত নেই,
মাথায় ছাদ বা গায়ে কাপড় নেই,
তাদের কথা বাদ দিলাম।
কিন্তু যারা এত এত টাকা খরচ করে

কলেজ, বিশ্ববিদ্যালয় টপকালো,
তারাও যখন ঈশ্বরপ্রদও বুদ্ধি
অন্যের হাতে তুলে দেয়,
তখন ভয় হয়।
যারা অন্ধ, তাদের কথা বাদ দিলাম।
কিন্তু যাদের দৃষ্টি আছে,
তারাও কি আলো জ্বেলে দেখবে না
ভক্তি ও ভক্তের মাঝে
এক অন্ধকার যোজন দূরত্ব!

৭. আমাদের ঘর ভেঙে যায়

আমাদের ঘর ভেঙে যায়

আমাদের ঘর ভেঙে যায়।
মনের ভেতর
স্বপ্ন বোনা ঘর ভেঙে যায়।
মন ভেঙে যায়,
ঠিক যখনই ভরসা বুনে
নৌকো বাঁধি,
দোড় পেরিয়ে ভিড়ের
মাঝে এগিয়ে দাঁড়াই,
ছুঁয়ে দেখি,
পড়ে দেখি মানুষ কেমন;
মন ভেঙে যায়।
আমরা যারা গল্প লিখি,
ছন্দ লিখি,
মনের মাঝেই ঘর আমাদের,
ইঁট পাথরের দেয়াল
কিনে মন ভরে না।
দিগন্ত চাই,
অথই সাগর, ঝর্ণা, পাহাড়,
গভীর আকাশ।
মনে থাকার রোগ আমাদের,
সিকি আধুল,
কষ্ট, ক্ষত,
বয়ে চলার ভীষণ অসুখ,

মনে রাখার রোগ আমাদের।
ভুলতে চেয়ে
নাম ভুলে যাই,
মুখ ভুলে যাই,
বছর, তারিখ, দিন ভুলে যাই।
আমাদের ব্যথা ফোটে
ফুলের মত,
রক্ত ফোটে খাতার পাতায়,
বৃষ্টি ঝরে বুকের খাঁচায়,
ঠোঁটের কোনায়
রাত নেমে যায়।
আমরা যারা গল্প লিখি।
ঘাসের বেনি,
তারার গুলি,
মেঘ, জোনাকির গল্প লিখি;
আমরা যারা
ভালোবাসা, আগুন, মাটি,
অবশেষের
গল্প লিখি;
জীবন লিখি, মৃত্যু লিখি,
যুদ্ধ লিখি, ক্লান্তি লিখি,
আমরা যারা,
মনের গভীর পড়তে পারি,
চোখের ওপার দেখতে পারি,
আমরা যারা,
এক জীবনে অনেক জীবন বাঁচতে পারি,
এক এক পাতা লিখতে গিয়ে
আমাদের ঘর ভেঙে যায়।

৪. প্রজাপতির মতো

প্রজাপতির মতো

পৃথিবীর ইতিহাসে আমি
বয়ে যেতে চাই
প্রজাপতির মতো,
দাগছোপহীন রেখে যেতে চাই
সভ্যতার গতিপথ।
নতুন কুঁড়িরা যদি
কেউ ফুল হতে না চায়,
কেউ যদি হতে চায় হাসি,
কেউ গান,কেউ পাখি ,
কেউ ঝর্না, কেউ নদী,
ওদের প্রাণোচ্ছল স্বপ্নের পথে
আমার কলুষিত শৃঙ্খলা
যেন পাহাড় হয়ে না দাঁড়ায়।
ওদের পাহাড় যেন হয় সিঁড়ি,
এক পা, এক পা করে
যা পৌঁছে দেয় স্বপ্নসত্যির দেশে।
পৃথিবীর ইতিহাস আমি
বেঁচে যেতে চাই
প্রজাপতির মতো।
কিছু কম বলে যেতে চাই,
কিছু কম ভেঙে যেতে চাই,
মিশিয়ে দিতে চাই
দশ, দেশ ও দিশ।

নতুন কুঁড়িরা যদি কেউ
ফুল হতে না চায়,
তারা হোক ছড়া,
তারা হোক রঙ;
তারা যেন হতে শেখে নিজের মতোন,
তারা যেন ভালো চায়,
তারা যেন ভালোবাসে।
পৃথিবীর ইতিহাস
থেকে আমি মুছে যেতে চাই
প্রজাপতির মতো।
নতুন কুঁড়িরা যদি কেউ
বৃক্ষ হতে চায়,
আমার কর্মফল যেন না ভাঙে
ওদের শিরদাঁড়া।
ওরা যেন সোজা হয়ে
দাঁড়াতে শেখে,
ওদের ডালে যেন ফলে
লাল বাতাসা, নীল ডানা,
আলিঙ্গন, অঙ্গীকার, সম্ভাবনা।
ওরা যেন শীতের জাড়ে রোদ হতে পারে,
ওরা যেন গ্রীষ্মের তাপে ছায়া হতে পারে।
নতুন কুঁড়িরা যদি কেউ
ফুল হতে না চায়,না হোক!
ওরা যেন না হয়
বোবা, কালা, কানা,
ওদের শিক্ষা যেন পঙ্গু না হয়।

৯. তস্কর

তস্কর

____

ওরা বলেছিল,
সেই রাতে মেয়েটার পায়ের তলায়
রক্ত ছিল না,
ছিল রং।
আমি চিৎকার করে জানালাম,
এ কি চরম মিথ্যে!
আমি মোমবাতি নিয়ে রাস্তা হাঁটলাম,
নাওয়া খাওয়া ছেড়ে সরগরম
ধর্নার আসর বসালাম,
ফেসবুকে ধর্মের জায়গায়
লিখে দিলাম 'মানবতা'।
প্রায় প্রতিটা
তাৎক্ষণিক বক্তৃতার আসর থেকে
ছিনিয়ে আনলাম
প্রথম পুরস্কার।
তার পরপরই
আমি হয়ে উঠলাম এক প্রতিষ্ঠিত তস্কর,
ও আমার হাত ধরে জন্ম নিল
এক নির্বোধ নিষ্পাপ
হার্মাদবাহিনী।
এবার,
সূর্যের নাম বদলে রাখলাম চাঁদ।

10. জুজু

জুজু

____

চরমপন্থী জুজুরা
শিখে গেছে শান্তির বুলি।
আমি বলবো এরা বুদ্ধিমান,
এরা বুঝেছে
ক্ষমতা ব্যক্তির নয়,
চেয়ারের।
তাই যুদ্ধ, রক্ত,নির্বাসন ছেড়ে
এরা বেছেছে,
মানুষ, দেশ ও 'রাজনীতি'।
যারা মারা গেল
আমি বলবো তারা মূর্খ,
তাদের কখনো চোখ ফোটেনি,
এরা কোনো দিনও
শিক্ষা চায়নি,
এরা জানেনি কি কি
চাইতে হয়;
ঠিক ভুল, উচিত,অনুচিত
এসব নিয়ে তারা মাথা ঘামায় নি,
নৈতিকতা, যুক্তিবাদ
এসব শব্দ তারা
শোনেনি বাপের জন্মে।
যারা বললো
আহারে বাছারে,

ঈশ্বর বাঁচিয়ো,
অপার করুণায়
আমি দূরে আছি,
ভালো আছি আমি বেশ;
যারা ভাবলো
নিমকহারাম হারামিদের
উচিত শাস্তি হয়েছে ঠিক,
আমি বলবো তারা আহাম্মক,
এরা শেখেনি
ক্ষমতা চেয়ারের নয়,
মানুষের।
এরা খুলি থেকে
মস্তিষ্ক বের করে
তাতে ঘুঁটে ভরেছে,
এরা দেখতে শেখেনি বলে
চোখ বুঁজে আছে,
বুঁজে থাকার সংকল্প নিয়েছে,
যতদিন না আশেপাশের
এরকমই কোনো জুজু
বুদ্ধিমান হয়ে ওঠে।

১১. পৃথিবী প্রেমিক হোক

পৃথিবী প্রেমিক হোক

এই ধূসর মেঘের দেশে
বিমর্ষতার কার্ফ্যু লন্ডভন্ড করা
সাহসী রোদে ভরে যাক জানলা,
প্রাণদীপ্ত হরিণ শাবকের মতো
এক পাল সোনালী হলুদ রোদ,
এক ক্ষেত বিষন্নতার মাঝে!
শিয়ালদহ স্টেশনের
ব্যস্ত জনস্রোতের মতো
একজন আরেকজনকে টপকে
হটোপুটি করে এসে
পড়ুক আমার বিছানায়;
ঘুমন্ত মানবশিশুর হাসির মতো
মনভালো করা সঞ্জীবনী
রোদরঙে ঝলমলিয়ে দিক চাদর।
চোখ বন্ধ করে
জানলার সামনে এসে দাঁড়ালে,
পাখির বুকের মতো
নরম উত্তাপ ছুঁয়ে দিক মুখ,
ওষুধের মতো মিলিয়ে দিক চোট;
ধূসর মেঘের কার্ফ্যু ভেঙে
দোরে দোরে পৌঁছে দিক
ধূপের আতর, পুজার ফুল...
চিদানন্দ আয়না হোক!

ঘরের সব জানলাগুলো খুলে দাও....
আমার রেলিংএ বসুক দোয়েল,
আমার উঠোনে খেলুক কুকুর ছানা,
ছাদে উড়ুক সপ্তর্ষির ঘুড়ি।
ঘরের সব জানলাগুলো খুলে দাও....
প্রশ্বাস নিক শিকড়,
অঙ্কুরিত হোক বিশ্বাসের বীজ,
পৃথিবী প্রেমিক হোক,
রোদ আসুক, আরো রোদ!

12. ঘাসের ওপর পড়ে থাকা মনখারাপ

ঘাসের ওপর পড়ে থাকা মনখারাপ

____

বৃষ্টি পড়লে ভুল হয়।
রাস্তার আবছা ওপার থেকে
মনে হয় এই বুঝি
হেঁটে আসবে তুমি,
পাশ ঘেঁষে ভেসে যাবে
তোমার গন্ধ মাখা হাওয়া।
কিন্তু এই শূন্যপুরী চায়না
আমি ভালো থাকি ভুলে।
চারিদিক আলো করে
ঝলমলে রোদ ওঠে,
চড়া গলায় জানিয়ে দেয়
দূর দূর অব্দি কোথাও তুমি নেই।
এক গাছ সাদা মনখারাপ...
টুপটাপ ঝরে পড়ে
ঘাসের ওপর,
পা ফেলতেই ছুঁয়ে দেয় রোজ।

13. প্রজা ছাড়া কিছুই হতে পারছি না

প্রজা ছাড়া কিছুই হতে পারছি না

ছেলেবেলায় অনেক আংটি বানিয়েছি
মাধবীলতা ফুলের,
বন্ধু-বন্ধু মিলে...
বেঁধেছি আঙুল, নিখাদ খুশিতে পরাণ নিয়েছি ভরে।
পকেট ভর্তি টগর গাছের টাকা,
তাই দিয়ে হরেক রকম বাজার করে
নারকেল মালুই এর কড়াই আর ইটগুঁড়ির মশলায়
রান্না করেছি লুচি, মাংস, পায়েস!
কথায় কথায় রাজা হয়েছি,
হয়েছি চোর, মন্ত্রী, পুলিশ;
জলের কুমির হয়েছি, নৌকার বুড়ি হয়েছি,
কখনও বায়না করেছি মিস্ত্রি হবো,
কখনও ভেবেছি বড়ো হয়ে
সাইকেল সাড়াবো, ফ্যান সাড়াবো,
বা ধান পুঁতবো, গরু চড়াবো।
কেউ বলে দেয়নি কি কি হলে লজ্জা পেতে হয়।
সমাজ নামের জুজু
একদিন হঠাৎ থপ করে ধরে
পিঠে বই ভর্তি ব্যাগ ঝুলিয়ে,
ঝপ করে দিয়ে গেল স্কুলে;
সেখানে সবাই ডাক্তার হতে চায়,
হতে চায় ইঞ্জিনিয়ার, ব্যারিস্টার,

সায়েন্টিস্ট, টিচার, অফিসার;
এবারে খুব লজ্জা পেয়েছি।
তারপর খেলাধুলো বন্ধ করে,
রাতদিন সব এক করে,
ওদের মতো ইন্জিনিয়ার, ব্যারিস্টার,
সায়েন্টিস্ট, টিচার, অফিসার, হবো বলে
হড়হড় করে বড়ো হয়েছি।
মাধবীলতা গাছটা আর নেই,
খুব শুঁয়োপোকা হতো।
সামনের মাসে দিদির ছেলের অন্নপ্রাশন;
একটা আংটির দাম এখন
কয়েক মাসের পুঁজি, সামাজিক সম্মান।
এখন টাকার রং হলুদ, সবুজ,
আকাশি, বেগুনি, কমলা...
এতো রং, তবু এক কেজি আলুর জন্য,
এক মুঠো ফ্রি লঙ্কার দরাদরি,
একটা রুপালী ইলিশ কিনতে পকেট ফাঁকা;
একফালি পকেট, কয়েক পাতি নিশ্চয়তা,
তার একটুকু স্বাদ নিতে,
কালকের কাছে বন্ধক দেওয়া আজ,
আজকের কাছে বিক্রি খুশি থাকা;
ওরা বলছে "সাব্বাশ! তুমি ক পেয়েছো!
দৌড়াতে থাকো, দৌড়াতে থাকো।"
আমি ঘামছি, গলছি, আর মোমবাতির মতো
আমি থেকে ক্রমে হয়ে যাচ্ছি ভীড়ের মতো,
আমিস্বহীন।
আমি দৌড়াচ্ছি, আরো দৌড়াচ্ছি,
তবু,
প্রজা ছাড়া কিছুই হতে পারছি না আর।

14. এই নির্বাসনে

এই নির্বাসনে

―――――――――

দিনের মৃত্যুশয্যার পাশে
এসে দাঁড়ায় সন্ধ্যে।
গায়ে বৃষ্টি ভেজা
সোঁদা গন্ধের চাদর জড়িয়ে
বুকে টেনে নেয় ছাদ।
যারা হারিয়ে গেছে
তারা মিটমিট করে
জ্বলে ওঠে আকাশে।
আমি এপার থেকে
ডাক পাঠাই,জানতে চাই
তারা এখন কেমন আছে।
ঝিঁঝিঁদের সাংসারিক সংলাপে
চাপা পড়ে যায় আমার আওয়াজ।
শুয়ে থাকতে থাকতে একসময়
খ্রিদে পায়,ঘুম নামে।
মনে হয়
এই নির্বাসনে ভালো আছি বেশ।

15. ভেড়ার হাতে গণতন্ত্র

ভেড়ার হাতে গণতন্ত্র

____

কার জন্য কাঁদব?
কার জন্য কলমে তুলব ঝড়?
একটা প্রজন্ম,
জঘন্য একটা প্রজন্ম,
বোবা নয়, নির্বাক,
নিরক্ষর নয়, অবিকার ,
অক্ষম নয়, অকর্মণ্য,
শিক্ষিত মূর্খ।
তারা মিথ্যা কথা শুনে হাসে,
তারা চুরি দেখে হাসে,
তারা অন্যায় দেখে হাসে,
তারা সম্পদ ক্ষয় দেখে হাসে,
তারা দেশ বিক্রি হতে দেখে হাসে।
তাদের রাগ হলে গালি দেয়,
তাদের রক্ত ফোটে না।
তারা বিনা হেলমেটে ধরা পড়ে ঘুষ দিয়ে
পার পাওয়ার গল্প গর্বের সাথে শোনায়,
ভাঙা রাস্তায় গাড়ি চালিয়ে তারা
ড্রাইভিং এ নিপুণ হওয়ার গর্ব করে,
ভিড় বাসে, ট্রেনে ঝুলতে ঝুলতে
যাতায়াত করে নিজেকে মহামানব মনে করে,
মজ্জায় মজ্জায় জং।
তারা মিম পরে,

তারা সংবিধান পরে না,
ঠকার পরে কান্না করে,
কারো সাথে অন্যায় হলে
"আহা বেচারা " বলে ন্যাকামো করে,
দুদিন মোমবাতি জ্বালিয়ে নাটক করে
তৃতীয় দিনে ট্রেন্ডিং অডিও তে রীল বানায়,
তারা নিজের অধিকার জানে না,
তারা আইন জানে না,
তারা বাজারে গিয়ে ফ্রি
লঙ্কার জন্য তর্কাতর্কি করে,
তারা মহামারীতেও মদের দোকানে
ঘন্টার পর ঘন্টা লাইন দেয়,
তারা লোকাল ট্রেনে একটা সীটের জন্য
জীবন দিয়ে দেয়,
তারা জানেই না, কি চাইতে হয়,
কি পাওয়ার কথা,
কোন জিনিসটা না পেলে ছিনিয়ে নিতে হয়।
যে দেশে পুলিশ অভিযোগককারিকে হমকি দেয়,
প্রেস নির্যাতিতর ছবি ছাপিয়ে টি আর পি বাড়ায়,
বিচারক চোর কে না ধরে, বাজার থেকে
চুরির জিনিস কেনা ক্রেতাকে সাজা দেয়,
"ইন্ডিপেন্ডেস অফ জুডিসিয়ারি ফ্রম এক্সিকিউটিভ "
আসলেই একটা তামাশা,
সেই দেশে একদল ভেড়া।
ওদের নাম জনগণ।
ওরা ভাতা চায়, চাকরি চায় না,
ওরা ঘুষ দেয়, স্বচ্ছতা চায়না,
ওরা অধিকারের জায়গায় ভিক্ষা,
ভিক্ষার জায়গায় উচ্ছিষ্ট,

খুনির জায়গায় দস্যু,
দস্যুর জায়গায় ডাকাত পেলে খুশি,
ওরা এখনও না বলতে শেখেনি।
একদল বুদ্ধি বেচা পোঁকা।
ওরা দুর্বলের ওপরে সোচ্চার,
ওরা অজ্ঞানের ওপরে চড়াও,
দানবের সামনে পিঁপড়ের চেয়েও ছোট।
ওদের চিকেন আর মদ দিলে,
ওদের পাঁচশো টাকা দিলে,
ওদের বাড়ি থেকে আনার জন্য টোটো পাঠালে,
ওরা তোমাকে ভোট দেবে।
ওদের গণতন্ত্র দিলে,
ওরা বেছে নেবে চোর।

১৬. এই পৃথিবী ধূসরতা ভালোবাসে

এই পৃথিবী ধূসরতা ভালোবাসে

হাতে ঘড়ি, কাঁধে ব্যাগ,
ব্যাগে টিফিন বক্স...
আমি এখন চাকরি করি।
স্বপ্ন বিক্রি করে
আমি কিনেছি নিশ্চয়তা,
যা আমার ছিলনা কোনোদিন,
যা আমি চেয়েছি চিরকাল।
তুমি আমার নীল কলম রাখো,
তুমি আমার রঙের তুলি নাও,
বদলে আমাকে দাও সাদাকালো কাঁচ।
তুমি যাও ফেরিওয়ালা,
আমার ভাগের রামধনু
বিলিয়ে দাও
নতুন কুঁড়ির কাছে...
এই পৃথিবী নির্জীব হতে চায়,
এই পৃথিবী ধূসরতা ভালোবাসে।

17. বোবাদের ভার

বোবাদের ভার

বিশ্বাসভঙ্গের ফল ধরা গাছের নিচে,
আর্তনাদ আটকানো আমার ঘর,
আমি দুঃখ জোড়া দিয়ে
বানাই ঘুড়ি ,
চুরমার হওয়া ভ্রান্তির মাঞ্জা দিয়ে
শিরা ছিঁড়ে পেঁচাই লাটাই,
আমি লিখতে পারি
এ জীবনে এটাই আমার অভিশাপ ।
খুশি গুলো আগলে রাখো।
মন ভাঙা, স্বপ্ন ভাঙা,
ভালোবাসার অস্থি, হৃদয়ের টুকরো,
পুড়ে যাওয়া আঁচল, ছিঁড়ে যাওয়া সুতো,
বুকের বাঁ দিকে চিনচিনে যন্ত্রণা ,
নাভিশ্বাস , দম বন্ধ করা কষ্ট,
লক্ষাধিক ব্যর্থ চেষ্টা ,
বিশ্রামের তেষ্টা,
পাঁজরের ভেতর নিম্নচাপ ,
স্মৃতির শহরে ঘূর্ণবাত,
ভাঙা সংসার,
সর্বংসহা কাঁধ,
চৌচির দেয়াল, ঝরে পড়া আকাশ,
সর্বগ্রাসী হাহাকার,
নীরব চিৎকার.....

কলম আর কাগজের বিনিময়ে,
আমি সব বোবাদের ভার কিনি।

১৪. নিন্দুক

নিন্দুক

ওহে নিন্দুক,
ওহে উজবুক,
তোমার কষ্ট বুঝি।
পাশের বাড়ি ঝগড়া লাগলে
তোমার চরম খুশি।
"আমার ছেলের কপাল খারাপ ",
"আমার ছেলে ভালো।",
"আমার মেয়ের গুণের গুনতি,
শেষ হবে নাকো বলেও।"
পড়শির ছেলে বেকার থাকলে
নিশ্চয়ই "বখে গেছে",
চাকরি পেলেও এমনকি আর,
"ঘুষ ছাড়া কি পেয়েছে?"
বন্ধু থাকলে "উড়নচন্ডী",
মৃদুভাষী মানে "খুব ঘমন্ডী" ,
পাশের বাড়ির মেয়ে,
বিশেষণে তুমি খাসা!
পান থেকে চুন খসলে খবর,
মধুর মুখের ভাষা।
পরের ঘরের বিবাদে যে
কি সুখ,
আহা, তোমাকে দেখেই বুঝি,
এর নামে ওকে

কি করে লাগাবো,
সেই সুযোগই তো খুঁজি।
পেটে ব্যথা করে,
যখন দেখি স্বামী-স্ত্রী এর
সম্পর্কটা গাঢ়,
শাশুড়ি বউ এর
নিন্দা করে না,
এমনই তাদের প্রিয়!
এ আবার কি?বশ করেছে।
দেখলে পরেই গা ঘিনঘিন করে,
আমার জামাই মেয়ের নেওটা,
লেজ নেড়ে পা চাটে।
বুক ফেটে যায় উন্নতি দেখে,
যদিও আমার
ক্ষতি নেই তাতে কিছু,
ভাঙন দেখার আলাদাই মজা,
আমার তাতে
লাভ নাই থাক কিছু।
ওহে নিন্দুক,
ওহে উজবুক,
তোমার কষ্ট বুঝি,
কমহীনতা এমনই অসুখ,
পচন ধরে ঘটে,
পাছা চুলকায়, ঘুম উড়ে যায়,
এমনই প্রখর জ্বালা,
নিন্দা কি কেউ
এমনি করে হে?
তোমার হাত পা বাঁধা।
লোকের সুখে হার্ট ফেইল হয়,

শরীরের এটা ব্যাধি,
বাঁচতে হবে তো?
লোকে ভুল বোঝে,
মনটা তোমার ভীষণ সহজ,
ঠিক বলেছি তো, নাকি?

19. ভালোবাসা তুমি ভালো থেকো

ভালোবাসা তুমি ভালো থেকো

শহরে আজ পরিযায়ী মরশুম,
তোমার বাসর সাজ,
আমার বিছানা নির্ঝুম।
যত ছিল গান ,
তোমার নামের বেয়ারা,
জোনাকির আলো হয়ে
দেবে রাত্রি পাহারা।
তোমার ঠোঁটের কোণে
অন্য ঠোঁটের আঁচ,
পুরিয়ে পুরোনো পালা
আতশে সাজছে আকাশ।
শহরের বুকে জানি
থেকে যাবে তোমার আমার
পায়ের চলার ছাপ,
দূরে দূরে সরে গিয়ে
হয়তো বা একদিন
ভুলে যাবো দুজনেই প্রথম আলাপ।
যদি ফিরে দেখা হয়,
করে মেঘ, নামে বৃষ্টি,
অনেক ভীড়ের মাঝে,
যেন ডেকো নাম ধরে,
মনে পাবো স্বস্তি!

আর যেন দিও না কথা,
বুনোনা কারোর মনে আগামী
সব ওয়াদা ঝুট হয়,
এতদিনে সেটা ঠিকই জেনেছি আমি।
জীবনের উৎসবে
জেদ ধরে মেতে যাবো,
থেকে যাবে চুপিসারে
মনের গোপন ঘরে
পুরাতন ক্ষত।
পাহাড়ই তো ব্যথা বয়,
নদী জানে কথা রাখা,
মুছে যায় সব মুখ,
জিতে যায় বারবার প্রধান চরিত্র।
আমার নিশীথে তুমি
গুনগুন সুর বেঁধো,
আমার বিষাদে তুমি
জীবনের ছবি এঁকো,
তোমার গল্পে আমি চেয়েছি একম হতে,
তোমাকে চেয়েছি আমি,
তার চেয়েও বেশি যদি
চেয়ে থাকি কোনো কিছু ,
তা হলো তোমার শ্রেয়,
ভীষণ অসুখে আজও
একই আর্জি রাখি
ভালোবাসা তুমি ভালো থেকো!

20. অপূর্ণতা

অপূর্ণতা

একটা ভালো দিন চেয়েছি,
একটা ভালো সপ্তাহ, মাস, বছর,
একটা গোটা জীবন,
শুধু ভালো আর ভালো চেয়েছি...
কিন্তু ভালোর সংজ্ঞাটুকু জানতে চাইনি।
খুশির জন্য একটা জামা চেয়েছি,
নতুন জুতো, নতুন ব্যাগ,
নতুন স্কুল, কলেজ, চাকরি,
গাড়ি, বাড়ি, সংসার..
খুশি থাকার জন্য অনেক জিনিস চেয়েছি,
কিন্তু 'খুশি'ই চাইনি।
তোমার ওপর ভরসা রাখিনি,
তাই নিয়মিত
নিজের হিসেব মতো
এটা ওটা চেয়েই গেছি;
তুমি হয়তো হেসেছো অন্তরালে।
চাইতে চাইতে একসময় থামতেই ভুলে গেছি,
দূরে সরে যাচ্ছে গাছের ছায়া,
বেড়ে যাচ্ছে পথ,
চলতে চলতে ছিঁড়ে যাচ্ছে পা।
এক মুঠো রোদ খুঁজতে গিয়ে
হাত পুড়িয়ে ফেলেছি প্রখর দাবদাহে।
এক ফোঁটা বৃষ্টির অপেক্ষায়

অজান্তে ডুবে গেছি অতল সমুদ্রে।
ঝুলি ভরে নেওয়ার পরও,
কৃতজ্ঞ হতে পারিনি,
তোমার অপার করুণার
প্রভু, পারিনি যোগ্য হতে।

21. অহঙ্কার

অহঙ্কার

____

এই খেলা প্রতিহিংসার খেলা, তীব্র অহং লড়াই
কোনো পক্ষই পাবেনা জয়ের স্বাদ
থাকবে শুধু দীর্ঘ সন্ধ্যা বেলা।
সময়ের স্রোতে ধুয়ে তো যাবেই
রাগ ও জেদের দুর্গ আছে যত,
কালের নিয়মে ভরে তো যাবেই
গভীর থেকে গভীরতর ক্ষত।।
একদিন তুমি একলা ঘরে বসে,
আকাশ ঘেরে আবেগের মেঘ এসে,
গুগল ফোটোস ফিরিয়ে আনে স্মৃতি,
এখন তোমার হাসতে বারণ – এমনই নিয়ম নীতি;
জেদের জোরে করেছো কোণ ঠাসা,
গল্প ,আলাপ,একসাথে ওঠা বসা।
লড়াই এ নেমেছো, লড়াই এ নেমেছি,
রেফারি বলেছে – মাঠ ছেড়ে গেলে হার!
সমানে সমানে দড়ি টানাটানি,
ডুবে যাবে সেতু, ছিঁড়ে যাবে সব তার।
আনাগোনা কমে ক্রমে পথ ঢেকে যাবে ঘাসে
একদিন ফের রাগ জল হবে, আড়ি ভাব হবে,
ঠিকানা থাকবে, ইচ্ছে থাকবে,
তবু চেনা পথে ফিরতে চেয়েও, ফেরা হবে নাকো শেষে।।

২২. কবিতা আমায় সকাল হলেই জাগিয়ে দেবে

কবিতা আমায় সকাল হলেই জাগিয়ে দেবে

কবিতা লিখব,
রক্ত ভরবো দোয়াতে আরো,
কারণ কবিতা আমার
মন খারাপের সাক্ষী হয়ে
থাকবে সাথে।
জানবে না কেউ, জানে না কেউ,
কিভাবে মানুষ মরে;
সব গোপন কথা থাকবে গোপন,
আজীবন,
কবিতা হয়ে;
আমার সাথে হাঁটবে পথ,
জাগবে রাত, গড়াবে চোখের জল হয়ে,
নিঃশব্দ আর্তনাদ হয়ে নিঃসৃত হবে ,
মিশবে কাগজের পাতায়,
পেনের কালির গন্ধে আমার
পচা গলা হৃদপিন্ডের
উগ্র গন্ধ ঢাকবে।
আমার জীবন চলুক,
আমি ঘুমাবো রাতে,
কবিতা আমায়
সকাল হলেই জাগিয়ে দেবে।

23. আমাকে ভালোবাসা খুব কঠিন

আমাকে ভালোবাসা খুব কঠিন

আমার ভালোবাসার গাছের মৃতদেহ স্পর্শ করে
তুমি কোন কান্নার আওয়াজ পাবে না,
তার বাকল বেয়ে ওঠা কোন ঘৃণা,
প্রতিহিংসা, ঈর্ষার পরজীবী জন্মাবে না ।
আমাকে ভালোবাসা খুব কঠিন ।
তুমি আমার জন্মদিন ভুলে গেছো বলে
আমি রাগ করবো না কোনদিন ,
আমার মনের কথা পড়তে পারোনি বলে
অভিমান জমিয়ে পাহাড় বানাবো না ,
তোমাকে বইতে বলব না আমার ভার ,
আমার ভেঙে যাওয়া স্বত্বা।
আমার অপারগতার দায় তোমার করে দিয়ে
ভালো থাকতে চাইব না কোনোদিন ।
আমি খুব ভালো করে জানি
কেউ কাউকে খারাপ রাখতে পারেনা ।
আমি সোজা বাংলায় তোমায় বলে দেবো
আমি কি চাই।
কিছু না দিয়ে
কখনোই চাইবো না কোনো কিছু।
আমার জন্য তোমাকে কোনদিন
কিনতে হবে না দামি উপহার ,
আমাকে নিয়ে যেতে হবে না

দূর সমুদ্রের ধারে ,
কোন নাম করা রেস্তোরাঁয়
খুব জনপ্রিয় কোন খাবার
আমি তোমার কাছে খাওয়ার জন্য
বায়না করব না ,
আমি তুলনা করব না,
আমি জোর করব না ,
আমি শাড়ির ভাঁজের মত খুলে খুলে
ভরা দোকানে দেখাব না তোমার 'না পারা'।
একটা আশ্রয়,
পৃথিবী ধ্বংস হলেও যেখানে
ফিরে আসা যায়,
একটা আশ্রয়,
আকাশ ভেঙে গেলেও যেখানে
সুরক্ষিত থাকা যায়,
একটা বিছানা যেখানে
খুলে রাখা যায় গভীরতম ক্ষত।
তোমার চোখের কোনার
মুক্ত আলতো করে ছোঁবো,
খুব কম কথা দেবো,
খুব কম কিছু দেবো,
আমি তোমাকে দেবো সম্মান,
আমি তোমাকে দেবো ভরসা,
আর তার বদলে শুধু সেটুকুই
মুখ খুলে চেয়ে নেবো।
আমি কম কথা বলি ,
তাই যেটুকু বলবো শুধু সেইটুকু
শোনার মত শোনার আবদার করব ,
উত্তাল ঝড়ে আমি মাথার উপর

ছাদ গড়ে দেবো,
খুব অন্ধকারে আমি চাইবো
তুমিও বাড়িয়ে দিও কাঁধ ।
আমি যুদ্ধ লড়তে জানি,
তোমাকে ঢাল হতে বলব না,
আমি ঘাসের মত কাঁপবো না,
আমার জন্য তোমাকে হতে হবে না
সর্বংসহা পুরুষ,
সব সময় সব কিছু বুঝতে হবে না ,
নিখুঁত হতে হবে না ,
মনগড়া প্রশংসা করতে হবে না ,
তুমি আমার অন্ধকারকে দেখিও আলো ,
আমি তোমাকে আয়না দেখালে
আমি চাইব তুমি চোখ বুঁজে রেখো না।
আমি তোমার থেকে বেশি, কম,
বা তোমার সমান হতে চাইব না,
আমি মানুষের মত,
তোমাকে আমার ঈশ্বর হতে বলব না ।
আমি খুব স্পষ্ট ভাবে জানি
আমি কি চাই,
খুব স্পষ্ট ভাবে বলে দেবো
আমি কি চাই ,
আমাকে ভালোবাসা খুব কঠিন ।

24. আমি জেগে থাকি রোজ

আমি জেগে থাকি রোজ

জানিনা কেন,
স্মৃতিগুলো ফিরে ফিরে আসে;
জানিনা কেন,
স্মৃতিগুলো খোঁচা মারে বুকে।
বন্ধ চোখে
জ্বলে ওঠে মশালের মত,
ভেসে ওঠে
মরতে থাকা মুখগুলো,
আমার দিকে
আঙুল তুলে হাসে,
আমার নিরুপায় চুপ থাকার
শাস্তি দেয়;
আলো যেন
বহু যুগ থেকে ফিরে এসে
ঢোকে চোখে,
জানিনা কেন,
স্মৃতিগুলো কেন কষ্টের এত,
হৃদপিণ্ড যেন
ওই মরে যাওয়া মানুষগুলোর মতোই
যন্ত্রণায় ছটফট করে,
তারপর কাতড়ায়,
তারপর নিঃশ্বাস থামতে থাকে,
আতঙ্কে চোখ খুলে যায়।

চোখ খুলে ভাবি
কেন হল,
কেন হল এরকম?
উত্তর পাই না কোনো।
স্মৃতিগুলো কেন যায়না মোছা?
সারাক্ষণ মস্তিষ্কের কোটরে
বয়ে চলেছি স্মৃতির বোঝা!
কেন মস্তিষ্কের শিরা-উপশিরাগুলো
খুঁড়ে খুঁড়ে দেওয়া যায় না বাদ?
কেন চোখ দুটো
উপড়ে ফেলা যায় না?
কেন রক্তের
প্রতিটা কণিকা বদলানো যায় না?
কেন স্মৃতিগুলো তাড়া করে রোজ?
আমি জেগে থাকি,
উত্তর খুঁজি,
ক্লান্ত হয়ে ফের বুঝি চোখ,
ফের স্মৃতি জ্বলে ওঠে,
মশালের মত দপ করে,
আমি জেগে থাকি রোজ ।

25. বুদ্ধি থাকলে পাপ হয়

বুদ্ধি থাকলে পাপ হয়

"খোকা, তুমি বড় হয়ে কি হতে চাও?"

--"ডাক্তার "

"কেন ডাক্তার হতে চাও, খোকা?"

--"বাবা বলেছে, তাই।"

"স্কুল তো শেষ, এবার কি নিয়ে পড়বে?"

--"ইঞ্জিনিয়ারিং "

"কেনো?"

--"বাবা মায়ের ইচ্ছা।"

"কলেজ তো শেষ, এবারে কি করবে ভেবেছ?"

--"সরকারি চাকরির চেষ্টা করব।"

"কেনো?"

--" বাড়ির লোক ওইটাই করতে বলেছে।"

"এ বছর ভোট কাকে দেবে?"

--" ভেড়া খেঁকো শিয়ালকে।"

"কেনো?"

--" খবর বলছে উনি জিতবেন।"

"একি! তুমি প্রতিবাদ মিছিলে যে?

--"হ্যাঁ, এই আইন আমি মানি না।"

" আইনে কি বলা আছে জানো?"

--" আমাদের ক্ষতির কথা।"

"কি কি ক্ষতির কথা?"

--" অতশত জানি না।"

"তাহলে কেন এসেছ?"

--" এক আহাম্মক বলেছে, তাই।"
"ওই যে ওরা ঘর ভাঙছে,
মারছে, মরছে? তোমায় বললে তুমিও
মরবে, তুমিও মারবে?"
--"নিশ্চয়ই।"
"কিন্তু এইসব করে তুমি কি পাবে?"
--"পুণ্য।"
" হিংসা করে কি পুণ্য প্রাপ্তি হয়?"
--"হয়, আহাম্মক বলেছে।"
"আহাম্মককে মিছিলে দেখেছি না যে!"
--"উনি টিভিতে আন্দোলন করছেন।"
"কিন্তু গত তরশু যে
একটি মেয়েকে মেরে ফেলা হল
শিক্ষা প্রতিষ্ঠানে গোলযোগ ফাঁস করার জন্য,
গত পরশু যে
এক সাংবাদিক কে খুন করা হল
সরকারি দুর্নীতি জন সমক্ষে আনার জন্য,
শিক্ষার কোনো মান নেই,
কারো ঘরে চাকরি নেই,
স্বাস্থ্য পরিষেবার উন্নতি নেই,
রাস্তা ঘাট ভাঙা,
সামাজিক নিরাপত্তা নেই,
সুবিচার নেই,
গুন্ডাদের রাজত্ব চারিদিকে,
দুর্নীতিবাজদের সাজা হয়না,
ওষুধের ভেজাল, খাবারে বিষ, বায়ুতে দূষণ,
এর বিরুদ্ধে কি কিছু করা যায় না?"
--"না, আহাম্মক তো এই বিষয়ে কিছু বলেনি।"
"কিন্তু, তোমাকে বলে দিতে হবে কেনো?

তোমার নিজের বুদ্ধি নেই?"
--"না, বুদ্ধি বিক্রি করে দিয়েছি।"
"কেনো?"
--"বুদ্ধি থাকলে পাপ হয়।"

২৬. আস্তানা

আস্তানা

———————

ইচ্ছে ছিল,
একদিন ঠিক নিজের হবে,
চারটে দেওয়াল, একটা ছাদ,
অল্প জমি, স্বল্প আকাশ,
একটা উঠোন মনের মতো।
বিক্রি করা ইচ্ছে দিয়ে,
রং মেলাবো, জানলা খুলে
দেখবো দূরে আকাশ পারে
ফুটে ওঠা বাল্যকালের
স্বপ্নগুলোর মৃতদেহ।
ভেবেছিলাম দিঘীর ধারে,
শুক আর সারি জন্ম দেবো,
চিরঞ্জীবী বটের চারা, দিনের শেষে
কমলা আলোয় সেঁকবো বসে,
সুখ দুঃখ এপিঠ ওপিঠ।
গোগ্রাসে তাই বিদ্যা গিলি,
সময় বেচে অর্থ কিনি ,
আধেক জীবন জমিয়ে পরে
বাকি আধেক ঋণে তুলে
হাত পেতে পাই কয়েকটা ইঁট।
উঠোন ভুলে ব্যালকনি হয়,
ছাদের ওপর অন্যের বাস,
সিংহদুয়ার বারোয়ারি,

মাটির আঁচল একটু আমার,
অনেকখানি অন্য কারো।
এটাই অনেক!
ছোট্ট জীবন, অনেক দাবি।
সবটুকু কার পূর্ণ বা হয়?
আস্তানা হোক, ঘর না হলেও,
হাতের মুঠোয় ফ্ল্যাটের চাবি।

২৭. বন্ধু

বন্ধু

____

বন্ধু থাকিস রাত্রে পাশে,
ভাঙলে ঘুম তারার সাথে
একলা আমায় ছাড়িস নাকো।
বন্ধু থাকিস অবসরে,
দুশ্চিন্তাকে মন জুড়ে
করতে খেলা দিস নাকো।
বন্ধু তুই সঙ্গে আমার,
রূপকথার ওই ছেলেবেলার
পক্ষীরাজের ডানা তুই।
মাতলা নদীর মাতাল জলে
ছোড়ি যে মোর নৌকা চলে,
সেই নৌকার বৈঠা তুই।
চোর পুলিশ আর কুমির ডাঙা,
দুষ্টুমি আর খুনসুটিটা,
তোর কাছে শেখা পাগলামিটা,
ভুলতে আমি চাইনা।
আমার সোনার বাক্স জুড়ে
রাখবো আমি স্মৃতি ভরে,
ব্যস্ততার দোহাই পেড়ে
সরতে দূরে চাইনা।

24. ঈশ্বর

ঈশ্বর

____

একদিন তোমার ঘুম ভাঙ্গবে
"তুমি সর্বদাই ঠিক" পৃথিবীতে।
মা একগাল হাসি মুখে
এক থালা ভাত সাজিয়ে দেবেন,
ঘোমটামাথা বউ সেই একইরকম
হাসিমুখে দাঁড়িয়ে থাকবে
রান্নাঘরের দরজার কোণে ,
যদি কিছু লাগে... ডাল,তরকারি,
আরেকটু ভাত।
বন্ধু আসবে..সন্ধের সঙ্গ দিতে,
প্রশংসায় ভাসিয়ে দেবে কলিগরা,
পাড়া প্রতিবেশী
সময় অসময়ে খোঁজ নেবে...
সবার মুখে সেই একগাল হাঁসি।
সে হাঁসিই প্রমাণ--- তুমি সর্বদাই ঠিক।
যারা অন্য চোখ দিয়ে
পৃথিবী দেখেছিল,
যারা "আমাদের" পৃথিবীর জন্য লড়েছিল,
যারা ‘তোমার ঠিক ’ কথা মেনে নেয়নি
সেই হেরে যাওয়া অন্ধরা
পিছিয়ে পড়বে অতীতে ,অনেক দূরে,
‘তুমি সর্বদাই ঠিক’ এর পৃথিবীতে
তাদের গল্প কেউ বলবে না আর।

29. সাধারণ

সাধারণ

____

একটা সুন্দর গন্ধ নাকে ঢুকতে ঘুমটা ভেঙে গেলো,
তুমি স্নান সেরে পুজোর ধুপ দিচ্ছ ঘরে ঘরে,
সেই নীল জামদানি শাড়ীটা পড়েছ, যেটা তোমাকে গতবার
তোমার জন্মদিনে উপহার দিয়েছিলাম,
মনটা ভালো হয়ে গেলো।
আমি উঠতে উঠতে তোমার পুজো পাঠ শেষ,
তুমি ব্যালকনির বাগানে বসে চায়ে চুমুক দিচ্ছ,
আর সকালের সূর্যের নরম রোদ এসে পড়ছে তোমার গালে,
কি যে অপূর্ব সুন্দর লাগছে তোমাকে আজ,
তোমার ঠোঁটের ডানদিকে এক রতি তিল টা
আগে কি কখনো খেয়াল করিনি আমি?
তুমি আমার হাতে বাজারে ফর্দ ধরিয়ে দিলে,
দুপুরে রেঁধে দিলে এক থালা ধোঁয়া ওঠা ভাত,
বিকেলে আমার কাঁধে মাথা রেখে সন্ধ্যা নামা
দেখলে,
রাতে আমার বুকে মাথা রেখে ঘুমালে।
এমন সাধারণ জীবনেও যে এত শান্তি থাকে,
আগে কখনো বুঝিনি,
ঠিক যেন স্বপ্নের মত সুগন্ধি তোমার চুল,
তোমার মাথায় আলতো আলতো করে হাত বুলিয়ে দিচ্ছি,
আর ভাবছি আমি কি এমন ভালো কাজ করেছিলাম,
তোমাকে পাওয়ার যোগ্য হওয়ার মত।
আমার বুক ভিজে যাচ্ছে।

একি? তুমি কাঁদছো বুঝি?
না,না, আমার বুক না, আমার বালিশ ভিজে যাচ্ছে,
আমার চোখে জল!
চোখ খুলে যায়, ঘুম ভেঙে যায়, বুকের বাঁদিকে ব্যথা করছে খুব,
আমার ঘুম ভেঙে গেছে, আমার স্বপ্ন ভেঙেছে,
তুমি তখনও ঘুমাচ্ছো, ঘুমাচ্ছো ঠিকই ,
তবে আমার নয়, অন্য কারো বুকে।

৩০. আমাকে ভয় কোরো

আমাকে ভয় কোরো

তুমি বড়জোর
তোমার কথার তীর
আমার বুকে বিঁধে দেবে,
তুমি বড়জোর পিছন থেকে
ছুরি গুঁজে দেবে বুকে।
কিন্তু আমি?
কলমের ধারে
তোমার অন্তর্বাস ভেদ করে
জনসমক্ষে এনে রাখবো
তোমার দুর্গন্ধভরা অন্তরাত্মা,
তোমার অন্ধকারকে
দুপুর বারোটার রোদ দেখাবো,
তোমার উলঙ্গ জিভে
ছুঁয়ে দেবো তীব্র লজ্জা,
তোমার চিতায় আষাঢ়ের মেঘ আঁকবো।
আমাকে ভয় পেয়ো।
আমি প্রত্যুত্তরে নিরব থাকবো,
আমি রাগ করবো না,
আমি শান্ত মাথায়
সাদা পাতায়
কয়েক লাইনে লিখে দেবো
তোমার ধ্বংস।
তুমি বড়জোর ধাক্কা দিয়ে

খাই থেকে ফেলে দেবে,
তুমি বড়জোর পায়েসের সাথে
গরল মিশিয়ে দেবে।
আমার ক্ষত ভরে যাবে,
আমার মত হাজার জনের অভিশাপ বুনে
তোমার মত একশজনের
মৃত্যু গড়ে দেব।
আমি লিখতে পারি,
বলবো কম শুনব বেশি,
কথা গেঁথে গেঁথে অগ্নিগর্ভে পেতে দেবো
অন্তহীন স্বরসজ্জা।
আমি লিখতে পারি,
আমাকে ভয় কোরো।

31. অপেক্ষা

অপেক্ষা

আমি তোমার অপেক্ষায়
কাটিয়ে দিয়েছি এক যুগ ,
সব গান , কবিতায়
এঁকেছি তোমার মুখ ।
তোমার নামের বানান
করেছি শিরায় চাষ ,
হৃদয়ের ঘর জুড়ে
শুধুই তোমার বাস ।
কত চিঠি তোলা আছে
লেখা খামে তোমার ঠিকানা ,
আকাশের রক্তিমে
ফোটে হাসনুহানা ।
তোমার বুকের ঘ্রাণে
ফোটে শ্বেত শতদল ,
তোমার ফেরার গানে
বাতাসে কোলাহল ।
আজ চোখে মিলুক চোখ
ভেঙে জিওন কাঠির ঘুম ,
আজ ঠোঁটে মিলুক ঠোঁট
মুছে দূরত্ব নিঝুম ।
আজ হোক যত
জমে থাকা কথা ,
আজ যত মিলে

যাক সুর ,
তারার আলোর নীল
ভেজাগ মনের ঘর ,
সব চাওয়া হোক
মঞ্জুর।

32. বড় হওয়া

বড় হওয়া

খেলার মাঠ, সিক্রেট,
নিউ ইয়ার এর কার্ড,
রাখি, শীতের পিকনিক,
বছরে একবার করে
দেখা করার কথা,
বড় হয়ে গরিব মানুষের
সাহায্য করার ইচ্ছা,
বন্ধু, আড্ডা, গান, কবিতা,
একটা একটা করে সব
স্মৃতি হয়ে থেকে যায়।
বয়স যত বাড়ে,
দুঃখগুলো আপন মনে হয়,
কাউকে সেগুলো বলার ইচ্ছা করে না।
জীবনের যুদ্ধগুলো লড়তে লড়তে,
আর কাউকে খারাপ লাগে না,
কারো নিন্দা শুনতে ভালো লাগেনা,
কারো আমাকে ভালো না লাগলে
তাকে আমার খারাপ লাগতে হবে
এমনটা প্রয়োজন বোধ হয়না,
কি জানি সেও মুখোশের আড়ালে
বৃষ্টি ভেজা, মা হারা কুকুর ছানার মত
নিঃস্ব কিনা!
মানুষ ঘাঁটতে ঘাঁটতে,

চামড়া বাকল হয়,
কথা আওয়াজ মনে হয়,
নিস্তব্ধতা সুরের মত বাজে।
জীবন আরেকটু ভারী হলে
বিশ্বাস, ভালোলাগা,
উবে যায়;
খোলা বই থেকে আমরা
বন্ধ বাক্সর মত হয়ে যাই,
সেখানে শুধু বাইরের হাওয়া ঢুকতে পারে,
কিন্তু ভেতরের ঝড়, প্লাবন, দাবদাহ ,
ভুল করেও বাইরে যেতে পারে না।
কে যেন সব হরিণ ছানাকে দিব্যি দিয়ে
নেকড়ে হতে বলেছে!
বাস্তব সামনে দাঁড়ালে
মন খারাপের সময় থাকে না,
কান্নার জন্য জল থাকে না;
মানুষ চিনতে শিখলে
আর কারো ওপর রাগ হয়না,
সবার ওপর দয়া হয়;
স্বহস্তে আঁকা লক্ষণরেখা ,
স্বহস্তে লেখা নিয়ম,
নিয়মভঙ্গ, বিচার, আর শাস্তি,
আমরা সবাই কি অদ্ভুত ভাবে
নিজেরা নিজেদের কারাগারে বন্দি।
শৈশব মিটে যাচ্ছে
পুরোনো দুর্গের দেয়াল রঙের মত।
কাটিয়ে দিলেই হবে!
পেরিয়ে এসেছি অনেকটা পথ,
আরো কিছুটা বড় হওয়া,

ভাঙা গড়া,
একটা সূর্যদয়, একটা সূর্যাস্ত,
একটা করে দিন,
কাটিয়ে দিলেই হবে।

ভাঙা গড়া,
একটা সূর্যদয়, একটা সূর্যাস্ত,
একটা করে দিন,
কাটিয়ে দিলেই হবে।

৩৩. বিহঙ্গ

আমি কবিতা লিখি,
আমাকে শিখিও না হিসেব নিকেষ,
শিখিও না আদব কায়দা,
নীয়ম কানুন, ঘর সংসার।
আমি নদীর মত, আকাশের মতো,
আমাকে বইতে দাও,
কখনও নিজের, কখনও বা তোমার
দুঃখে কাঁদতে দাও,
আমাকে শুনে নিতে দাও
সব না বলা কথার ব্যথা,
ভালোথাকার গান,
যা কিছু বলতে গিয়ে তুমি হোঁচট খাও,
আমাকে লিখতে দাও
সেইসব মুহূর্তের আখ্যান।
আমাকে পড়িও না
জীবিকা ও নিরাপত্তার স্থবির শিকল।
তোমার পাঁজরের ঝর্নার শব্দ,
তোমার হৃদপিন্ডের লোহিত ঝিল,
তোমার এক চোখ সাগর,
এক বুক বাষ্প আমার করে দাও,
আমার ঝুলি থেকে
মুঠো ভরে তুলে নাও এক ঝাঁক মুক্তি।
আমি কবিতা লিখি।

বাতাসে ভেসে বেড়ানো
শব্দের খড় কুটো দিয়ে বুনি ঘর।
আমাকে শিখি ও না উচিত অনুচিত,
সম্ভব অসম্ভব, সঠিক বানান,
জটিল ব্যাকরণ ও প্রথা।
আমি রাতের আকাশে কবিতা ফোটাই,
তারা যোগ করি,
শিরায় করি নীল পদ্মের চাষ।
আমি বাউলের মতো, আমি ভবঘুরে,
আমাকে চিনিও না
বাড়ি ফেরার চিরাচরিত পথ।
আমি কবিতা লিখি,
আমাকে তোমাদের সংজ্ঞায় বেঁধোনা।

34. যাত্রা শেষে

যাত্রা শেষে

এই সমুদ্র যাত্রার শেষে
তোমার সামনে এসে
দাঁড়াতে চাই।
তোমার বিশালকায়
সৃষ্টির ভীড়ে
ধূলিকণার মতো মিশে গিয়ে
শুধু দেখতে চাই
কিভাবে এই ভার
যুগযুগ ধরে বয়ে চলেছ তুমি;
কিভাবে হিসাব রাখো
এই ভাঙা গড়ার,
দেওয়া নেওয়ার।
এই হাসির ঝঙ্কার,
কান্নার স্তব্ধতার মাঝে
কেউ কখনও জানতে চায়,
তুমি কেমন আছো?
খুব কম করে চাইলে,
টাকা,বাড়ি, ক্ষমতা;
মাঝারি করে চাইলে,
সুস্থতা, দীর্ঘায়ু, মানসিক শান্তি;
বড় করে চাইলে,
ধৈর্য্য, শক্তি, সৌম্য,
জ্ঞান, সাহস, সামর্থ্য;

আর খুব বড় করে চাইলে
তোমার পদতল..
অগুণিত চাওয়া,
চাইতে গিয়ে ভুল চাওয়া,
আর ভুল পাওয়ার অভিমান,
না পাওয়ার অবিশ্বাস,
কখনো শেষ না হওয়া এই চক্রের
মুকুট ধারণ করে রয়েছ অবিরাম।
যখন দেখা হবে,
মুছে দেবো
তোমার হাতের তালু জুড়ে
আমার আরেকটু
ভালো থাকতে চাওয়ার ক্ষত।
এই সুদীর্ঘ যাত্রার ক্লান্তি
ভুলে যেতে যেতে
ভয়হীন দায়হীন হয়ে
তোমার পায়ের ঠিক নীচে
রাখবো মাথা,
শ্রদ্ধা, বিস্ময় ও খাদহীন প্রণাম।

৩৫. এক থালা ডাল ভাত

এক থালা ডাল ভাত

এই চরম ব্যস্ততায়
এক একদিন ভুলে যাই
সকালের ব্রেকফাস্ট,
লাঞ্চ বক্স, লকারের চাবি।
এই চরম ব্যস্ততায়
ভুলে যাই আজকে করার মতো
কালকের ফেলা রাখা কল।
সকালের কাজ সারতে
বিকেল গড়ায়,
কালকের কাজ কাটে আজ।
ক্লান্ত শরীর বেয়ে
ঘামের মতো গলে যায়
স্বপ্ন, ভালোলাগা, ঘর।
এক থালা ডাল ভাত পেটে গেলে
দু চার কথা আর গায়ে লাগে না।

36. কিশলয়

কিশলয়

মেয়েটির পরিবার সম্পর্ক রাখেনি
মুখ দেখাদেখি বন্ধ ছেলেটির বাড়িতেও
ভিন্ন ধর্মে বিয়ে করার পর...
অথচ ছোটবেলায় বাড়ির লোক বলেছিল
"সব জাত, সব ধর্ম সমান।"
দীর্ঘ দশ বছরের প্রনয়ের পরিণতি চাওয়ার সময়, সম্মতির বদলে
ওদের জুটেছিল অপমান,
উৎসবের বদলে সবাই মানিয়েছিল শোক,
কারণ? ছেলেটির বেতন মোটা না।
অথচ ছোটবেলায় বাড়ির লোক বলেছিল
"সৎ পথে উপার্জনের কোনো কাজই ছোট না।"
আঠাশোর্ধ্ব মেয়েটিকে মেনে নিতে বলা হল
পাত্র পক্ষের সব কিছু দাবী,
শিকলের নুপূর হাতে ধরিয়ে
খুলে রাখতে বলা হল তার ডানা।
অথচ বাড়ির লোক মেয়েটিকে কলেজে
পাঠিয়েছিল,
তার মনে বিশ্বাস বুনেছিল,ছেলে-মেয়ে দুই সমান।
প্রত্যেক মা-বাবা ছোট ছোট ছেলেমেয়েগুলোর
মাথায় ভরেছিল কিশলয়, নজরুল, রবীন্দ্রনাথ,
প্রত্যেক মা-বাবা উপাসনার আসনে বসিয়েছিল কৃষ্ণের মূর্তি,
রোববার দূরদর্শনে চালিয়েছিল সুচিত্রা-উত্তমকুমার।
প্রত্যেক মা-বাবা সন্তানদের নৈতিক শিক্ষা দিয়েছিল,

কিন্তু জনাকয়েক চেয়েছিল সন্তান প্রকৃত শিক্ষিত হোক,
আরো কম জন সেই সুশিক্ষিত সন্তানদের পাশে দাঁড়িয়েছিল।

কিন্তু জনাকয়েক চেয়েছিল সন্তান প্রকৃত শিক্ষিত হোক,
আরো কম জন সেই সুশিক্ষিত সন্তানদের পাশে দাঁড়িয়েছিল।

37. লক্ষ্মীমন্ত

লক্ষ্মীমন্ত

আগে খালি সময় পেলে চোখ বুঁজে স্বপ্ন আঁকতাম, এখন মৃত্যু আঁকি।
আগে কষ্ট হলে কাঁদতাম, এখন হাসি।
অনেক বই পড়তাম, জীবন সম্পর্কে জানার বড় আগ্রহ ছিল।
এখন জীবনই শিক্ষক।
রোদ, বৃষ্টি, ঝড় বয়ে এগিয়ে এসেছি অনেক দূর,
মা, তোমার মনের মতো হতে পারিনি ঠিক,
তর্ক করেছি অনেক যখন কিছু মেনে নিতে পারিনি,
লড়াই করেছি যখন হেরে যেতে চাইনি,
লক্ষ্মীমন্ত হতে বলেছিলে তুমি, আমি চাইনি,
রোজ একটু একটু মানুষ হয়ে উঠেছি।

৩৪. পরিযায়ী

পরিযায়ী

বাকিটা রাত আজ
আকাশের কাছাকাছি থাকতে দাও,
শুনতে দাও
তারার গা বেয়ে ঝরে পড়া
নীল অভিমান।
ছাদের কোল খালি করে
পাখি উড়ে গেছে অন্য নীড়,
বুকের ভেতর খালিটুকু
ভরে নিতে দাও।
পাহাড়ের মতো মাথা উঁচু করা
নিয়মকানুন।
দুদিনের বেশি অতিথি হওয়া ভার।
গল্প যা কিছু লেখা হোক পথে,
পিছুটান শুধু ঠিকানার হয়ে থাক।

৩৯. কবির অসুখ

কবির অসুখ

____

সব কবিরই একটা গোপন ক্ষত থাকে,
সে ব্যথা কেউ ছুঁতে পারে না,
বুকের মধ্যে কি জানি
কেমন একটা গর্ত থাকে,
এই শূন্যতা ঠিক কিসের
তা বোঝা যায় না,সেই
ফাঁকটুকু কিছু দিয়েই
ভরা যায় না।
মনের ভেতর একটা ঘর থাকে,
সেই ঘরই কবির শিকল,
সেই ঘরই কবির ডানা,
সে ঘরে কবি হাসে, কাঁদে,
খাতার পাতায় অনর্গল
দাগ কাটে,মোছে,
কখনো বা চঞ্চল হয়ে
ক্রমাগত পায়চারি করে যায়।
সে ঘরের জানালা দিয়ে কবি
দেখে বাইরের রোদ,ছায়া, রং,
অথচ সেই জানলা দিয়ে পৃথিবী
কবিকে দেখতে পায় না।
সব কবিরই শরীরে পোকা থাকে,
তারা শরীরে বোনে রোগ ,
এই রোগই কবির ওষুধ,

এই রোগই কবির অসুখ,
এমনই এক রোগ, যা
না হলে কবি হওয়া যায় না,
যা সেরে গেলে কবির মৃত্যু ঘটে।

40. কথা ছিল

কথা ছিল

যে পাখি নিজের খোঁজে
ছেড়েছিল ঘর,
খোঁজ শেষে একদিন তার
বাড়ি ফেরার কথা ছিল।
ভালো থাকার কথা ছিল,
ভালোবাসার কুটিরে
অনঘ উষ্ণতায়
জীবনকাল বসবাসের কথা ছিল;
তার এক বুক স্বপ্ন
ধরে থাকার কথা ছিল
উঠোনের চাঁপা গাছ জুড়ে।
তার হৃদয়ের সরোবরে আজ
কাঁটাতার,চোরাবালি,
ভাটার তোড়ে
একটু একটু করে
ভেসে গেছে ডানার পালক ।
পাঁজরের অন্ধকার
মাটি, ঘাস, প্রজাপতি হয়ে
ঢেকে ফেলে আকাশ,
সর্বগ্রাসী বৃষ্টি নামে।
ঘুন ধরা দরজায় জমে
শ্যাওলা, গুল্ম, ঘাসফুল।
ঝরা পাতা ঢেকে ফেলে

তুলসী তলার আল্পনা।
অপেক্ষা মুছে ফেলে
এগিয়ে যায় সময় ।
ঋতুরা ফিরে আসে,
ফিরে আসে পরিযায়ী;
যার বিশ্বাস খোয়া গেছে,
সে কোনোদিনও ঘরে ফেরে না।

41. পাঁজরের ঝর্না

পাঁজরের ঝর্না

বুকের মধ্যে এই যে এতো ঝড়,
তোলপাড়, বিরোধ, বিদ্রোহ...
সারাদিন তাদের অবহেলা করে
মুখে প্রশান্ত হাসি রাখি।
শুনেও বলা বারণ,দেখেও চেনা বারণ,
শুকেও ছোঁয়া বারণ।
নিয়ম হাত পা বেঁধে দেয়।
তাদের স্বীকার করি এ সাহস আমার নেই।
তাদের অগ্রাহ্য করি এ শক্তি আমার নেই।
তাই দিনের শেষে ঘুরে তাকাই,
ওদের অভিমানের কথা শুনি।
আমি ছাদের বুকে মাথা রাখি..
ওরা আমার চোখে চোখ রাখে..
খাতা খুলে দেখায় সযত্নে আঁকা
মেঘ,বৃষ্টি,নদীর নকশা।
পাঁজরের মাপজোক ভুলে
আমি ওদের আকাশ হয়ে উঠি।

42. সাদা কাক

সাদা কাক

____

আমি খুলে কথা বলি,
না হয় বলি না,
তোমাদের মতো নাটক করিনা।
আমি সত্যি বলি,
ডাঁহা মিথ্যাও বলি,
কানের গোঁড়ায় গরল ঢালি না।
আমি হয় ভালোবাসি,
না হয় বাসি না,
তোমাদের মতো মিষ্টভাষী না।
আমি লড়াইয়েতে রাজি,
তোমার হয়ে, বা তোমার সাথে,
তবে মিরজাফরের স্বভাব পুষি না।
সমাজের ছবি সাত রঙে দেখি,
মুক্তির ভোরে কোলাকুলি দেখি,
একঘরে করা প্রাচীরের আড়ালে শহর ঢাকি না,
নতুনকে আমি দূর থেকে দেখি,
কাছে গিয়ে ছুঁই,আমি
তোমাদের মতো বিচারক, জুরি, দন্ডদাতা না।
আমি অজ্ঞানী, কুশলতাহীন,
থামিয়াঁয় ভরা,
তোমাদের মতো আমি তো খোদা না।
আমি ভুল করি,
ভুল খুঁজে খোদ ভুল শোধরাই,

মাফি মেগে নিই ভুলচুক হলে;
তোমাদের মতো ভীষণ জেদি না,
তর্কবাণের ফোয়ারা ছুটিয়ে
অন্যের ঘাড়ে আঙুল তাকি না।
আমি পীর নই কোনো,
কর্ম ভালো যা করে থাকি কোনো,
করি বা কখনো,
দরিয়ায় ডালি,
উপকার করে নাম নেবো বলে,
কর্জের পুরো দাম নেবো বলে,
খাতার কাগজে হিসাব কষি না।
বেইমানি যত মনে থাকে সব,
যতখণ পারি ক্ষমা করে দিই,
যতটুকু পারি ক্ষত ভরে নিই,
গদগদ ভাবে যদিও ভাসি না,
তবু তোমাদের মতো যুগল মুখি না।
আমাকে খুঁজো না তোমাদের ভীড়ে,
লক্ষ্মীমন্ত মোটেও আমি না,
আমি সাদা কাক, রাতের সূর্য,
সমাজের কোনো খোপেই আঁটি না।

43. কতগুলো খুন

কতগুলো খুন

বেঁচে থাকা
হেরে যাওয়া রোজ,
বাড়ে ব্যথা
ভালোবাসা রোগ।
আঘাতেরা ঝুড়ি ঝুড়ি
জমায় পাহাড়,
মুখের মেকি হাঁসি
চাপা দিয়ে সার।
স্বপ্নের মৃতদেহ
সযতনে বেছে
রাখে পুরনো
সেগুনে গড়া
নিজের কফিন;
ক্যালেন্ডারের গায়
কাটাকুটি আঁকে রোজ
সূর্যি ডুবলে তোলে
যোগের খাতার খাতে
আরো এক দিন।
শেষের গল্প
লেখে ক্লান্ত কলম
হাত কাঁপে ,মন গোনে
কতগুলো খুন।

44. চিত্ত যেথা ভয়শূন্য

চিত্ত যেথা ভয়শূন্য

সকাল সকাল ফুলমালায়
সেজে ওঠে সব মূর্তি,
এক এক টাকায়
হড়মুড়িয়ে কেনা হয়ে যায়
প্লাস্টিকের তেরঙা সম্মান।
সারা শরীর জুড়ে
বয়ে যায় রোম খাঁড়া করা
ভক্তি,গর্ব,উন্মাদনার স্রোত।
অথচ দিন ঘুরলেই
নির্লজ্জের মতো
সামনে এসে দাঁড়ায় জীবন..
বাধ্য মেয়ে আবার
রাত্রি আটটার ভেতর
বাড়ি ফেরে,
বেকার যুবক
চাকরীর নিষিদ্ধ স্বপ্ন দেখে
ধরফরিয়ে বিছানা ছেড়ে ওঠে,
প্রেমিক প্রেমিকারা
চুমু খেতে খুঁজে নেয়
পার্কের অন্ধকার কোণ,
এক মাথা ঘোমটা টেনে
পাড়ার লক্ষ্মী বৌমার তকমা
মাথায় তুলে নেয় মৃন্ময়ী,

শরৎ এলে
মহা সমারোহে হয়
অসুরের অকালবোধন...
এসব কিছুর মাঝে
ঘরের এক কোণে বসে
আবছা আবছা মনে পড়ে লাইনগুলো...
"চিত্ত যেথা ভয়শূন্য, উচ্চ যেথা শির..."।

45. নিষ্ঠুর শূন্যতা

নিষ্ঠুর শূন্যতা

ব্যালকনিতে দাঁড়িয়ে
আরও একটা বর্তমানকে
অতীত হয়ে যেতে দেখছি।
কলম বলছে ওকে
এবেলা ঘুমাতে দাও
এই নিষ্ঠুর শুন্যতায়
জেগে থাকার চেয়ে।
মাত্রার গা বেয়ে গুল্মের মতো
নেমে আসা ' আ'কার, ' ও'কার,
বানানের শিলাবৃষ্টি ঢেকে ফেলে
ঘাস – – – প্রদীপের মতো দুহাত
জড়ো করে তুলে নিই পাথর,
একযুগ মৌনতার অভিশাপ
বুকে বেঁধা শব্দেরা চোখের দিকে
তাকায় কথা হতে চেয়ে।
তিনরাত ঘুমহীন বিছানা
কবিতার অপেক্ষায়
তারা হয়ে সেজে ওঠে।
আমার মানেহীন ভালোলাগাকে
বাহবা দিতে দিতে
কলম বলে ওঠে,
"ঘুমাতে দাও,
এই নিষ্ঠুর শুন্যতায়

জেগে থাকার চেয়ে।"

46. এই বুঝি ভালো

এই বুঝি ভালো

মরে যেতে যেতে বেঁচে থাকি রোজ
এই বুঝি ভালো
একটু নিভে একটু জ্বলে থাকা।
চুপ হতে হতে ভুলে যাই কথা
কবিতার খাতা
মৌন বাসরে অপেক্ষাকৃত একা।
সইতে সইতে বুকের গর্তে পরে মরে যায়
চোখের মুক্ত কণা,
কাঁদতে না দেখে লোকে ভেবে বসে
কপালে ধরেছি সুখী ঘর কন্যা।
মন্দবাসা স্বাধীন করেছে ঋণ,
এই বুঝি ভালো!

47. আরোগ্য

আরোগ্য

____

তুমি তো জাদুকর।
ফিরিয়ে দিতে পারো
যা কিছু হারিয়ে গেছে,
ডানা দিয়ে ঘিরে রাখা
মা নাম পরী,
তার কোলের উষ্ণতা,
গল্পের দুপুর,
আড়ি-ভাব, ছোঁয়াছুঁয়ি,
কুমিরডাঙা?
এই কুমির কান্না,
মেকি সোহাগের বীষ
একটু একটু করে
কবে যেন ঢুকে গেছে শরীরে,
মানুষ হয়েছি আমি খুব!
ডালে ডালে চলে বড়ো
পায়ে ব্যথা হয়,
মেপে জোকে কথা বলি
ভয় থেকে যায়,
আমি হতে জ্বর আসে,
মিশে যেতে চাই ঐ একরঙা
ভেড়াদের ভীড়ে;
নিজের সাথেই লড়ি,
ঠোঁটে কতো কাটাকুটি,

বুকে দেখ দগদগে ঘা।
শিকারী শিকার খোঁজে,
আমি খুঁজি আশ্রয়,
শিকারী শিকার ছোঁয়,
আমি ভাবি নিরাময়।
শিকল আর পিঁজরার
অশেষ চক্রব্যূহ,
ক্লান্তি পথিক আমি,
অজ্ঞ প্রজা,
তুমি তো সদাশিব,
তুমি তো গল্পকার,
মুছে দিতে পারো শুধু
দুচার লাইন?
ছন্দের সাথে আজ
বিছানা পেতে দিও,
ধুয়ে যাক ক্লান্তি
কাব্যের স্রোতে।
অবিরাম সুর বাঁধো!
তুমি কাল ধরে রাখো,
আমাকে বয়স দাও,
আমাকে চিনিয়ে দাও
যা কিছু কোনোদিনও
ছিল না আমার...
ভালোবাসা, বিশ্রাম,
ঠিকানা ও ঘর।
তুমি তো কবিরাজ,
সৃষ্টির, জগতের;
জানি সব ওষুধের
তুমি জানো খোঁজ।

মনের রোগ সারে,
শরীরের সারে রোগ,
জীবনের রোগ যার,
সারে কি সে কখনও?

মনের রোগ সারে,
শরীরের সারে রোগ,
জীবনের রোগ যার,
সারে কি সে কখনও?

48. রুমি

রুমি

―――――――――

সকালে বরের জন্য খাবার বানাতে বানাতে
রুমি ভাবে,
কতদূর এগিয়ে এসেছে সে!
এই তো সেদিন
ঝালোর দেওয়া ফ্রকে
ঢেউ তুলে
ও ছোঁয়াছুঁয়ি খেলতো,
নূপুরের ঝুমঝুম আওয়াজে
মাতিয়ে রাখতো ঘর,
বৃষ্টির জলে নৌকো ভাসাতো,
আড়ি নিতো রাগ হলে পর।
কুমিরডাঙা থেকে বিবাহমন্ডপ,
কন্যা থেকে গৃহবধূ,
মেয়ে থেকে নারী,
রুমি এগিয়ে এসেছে,
অনেক দূর।
বিয়ের দিন কপালে চন্দন পরিয়ে দিতে দিতে
মা বলেছিল,
"সূর্যের তেজ আছে বলে লোকে তাকে পুজো করে,
কিন্তু তার কাছে কেউ যেতে চায় না।
প্রেয়সী হতে গেলে চাঁদের মতো তেজটুকু খোয়াতে হয়।"
দুধ আলতার ছাপে সেজেছিল
লক্ষণরেখার চক্রব্যূহ।

তারপর হঠাতই একদিন
নতুন বাড়ি, নতুন লোকজন, নতুন নীয়ম কানুন...
নতুন পরিবার পাওয়ার আনন্দে
রুমি আলতা পায়ে চৌকাঠ পেরোয়...
কিন্তু সময় সেই ভুল ভাঙিয়ে দিয়ে বলে,
এই নতুন দেশের নাম সংসার।
পরিবার আর সংসারের তফাৎ বুঝে ওঠার আগেই
তার সংসার ধর্মে দীক্ষা হল।
মুখ খোলার আগেই তাকে বলা হল,
"আহা, এতো আওয়াজ কিসের?"
মনখারাপ করলে বলা হল,
"মানসিক রোগ, বদ্যি ডাকো।"
আবদার জানানোর আগে বলা হল,
"অতশত পারিনা বাপু!"
বাঁচতে চাওয়ার আগেই বলা হল,
"তোমার অপেক্ষায় কেউ বসে নেই।"
ধীরে ধীরে তার চোখের নদী
শুকিয়ে যায় পাঁজরের চোরাবালিতে,
এক মুঠো ভালোবাসার জন্য
সে বিক্রি করে ডানা, পায়ে বাঁধে শিকল ,
কেনে আয়না, মাখে সাজা।
নিজেকে বদলাতে বদলাতে
রুমি ভুলে যায় শিকড়ের সুর,
পাল্টে নেয় জন্ম পরিচয়;
স্বপ্নের স্তূপ চিতায় তোলে, হরিবোল গায়!
রুমি এখন মাথা পেতে শাস্তি নেয়,
কোনো প্রতিবাদ করে না।
আজ্ঞাবহনে মন দেয়,
কোনো স্বপ্ন দেখে না।

দাবী পূরণের দায় বয়,
কিছু দাবী করে না।
কুমীর ডাঙা থেকে বিবাহ মণ্ডপ...
কন্যা থেকে গৃহবধূ,
মেয়ে থেকে নারী।
রুমি এগিয়ে এসেছে অনেকদূর।
ষষ্ঠীতে বাড়ি এসে রুমি
মাকে বলেছিল
ডানা খোয়ালে মেঘ হয় আগুণ,
তেজ খোয়ালে সূর্য হয় সর্বগ্রাসী কৃষ্ণগহ্বর।

49. ছুটি

ছুটি

____

আকাশ,
আমি আর কথা বলি না,
আর থেমে দেখি না,
আর বসে ভাবি না,
তোমাকেও ডাকি না অনেকদিন।
আকাশ,
আমার কলম শুকিয়েছে,
আমার তুলি থেমেছে,
আমার স্বপ্ন হারিয়েছে,
আর নেই কোনো প্রিয় গান।
আকাশ,
এখন শুধু ঘাড় বাঁচিয়ে চলা,
এখন শুধু আঁকড়ে ধরে রাখা,
এখন শুধু কামড়ে পড়ে থাকা,
দিন ফুরোলে এরম ভাবেই হয়তো বাড়ে রোগ।
আকাশ,
এখন মাঝ সাগরে বান,
ঠোঁটের পিঠে যন্ত্রবিহীন
সেলাই করা চোখের অভিমান,
আমার গল্প শোনার বোঝা থেকে তোমার ছুটি হোক।

৫০. বেঁচে থাকার রোগ

বেঁচে থাকার রোগ

গলায় সুরটা কিছু কম,
ইংরেজি,বাংলায় নম্বরটা
নব্বইয়ের ঘরে গেল না,
মেয়েটা লোকের সাথে
মিশতে পারে না,
চোখদুটো ছোট,
নাকটা বড়,
হাতে কত লোম!
শিল্পের চাকরি করে,
স্কুল টিচার হতে পারলো না!
একসময় মেয়েটা
গান গাওয়া ভুলে যায়,
কথা বলা ভুলে যায়,
একযুগ আয়নার মুখ
না দেখে ভুলে যায়
নিজের মুখ।
সকাল হলে চোখ খোলে,
পেটে দুটো খাবার দেয়,
ডে, নাইট শিফটে
কাজে যায়,
বেঁচে থাকে।

51. আমার

আমার

জীবনটাকে নিজের বলে দাবী করতে পারি না,
সে ভবিতব্য, কালের অধীন,
যতক্ষণ নিশ্বাস বহমান,
সে আমার দেহ মন্দিরের অতিথি।
উপার্জনকে নিজের বলে দাবী করতে পারি না,
পরিশ্রমের বদলে তা আমার ইষ্ট,
সঞ্চয়ের অভাবে হবে সঞ্চত্যাগী ।
কিন্তু ঝড়, জল, বানভাসি,
রৌদ্র, তাপ, খরা,
যুদ্ধ, নির্বাসন, কারা,
সব কিছুর পর হাতের মুঠোয়
শক্ত হয়ে যে হাতটা থেকে যায়;
আঘাত, আদর, দূরত্ব,
দোষ, গুন, বিচার,
অভিযোগ, অভিমান, আবদার,
প্রতিটার ভারে ভেঙে না পড়ে
যে কাঁধ খাঁড়া থেকে যায় ;
আকাঙ্ক্ষা, প্রত্যাশা, প্রত্যাহার,
বিশ্লেষণ, বিকর্ষণ, বিফলতা,
রমষ, অস্মক, স্খলন, দূর্বলতা,
সব মুখোশ, পোশাক, পর্দা খুলে যাওয়ার পর,
যে বুক সমানরকম উষ্ণতায় কাছে টেনে নেয় ;
তাকে নিঃসকোচে, নির্ভয়ে, অসংশয়ে

নিজের বলে অধিকার করতে পারি।

নিজের বলে অধিকার করতে পারি।

52. ভালোবাসা

ভালোবাসা

____

খাঁ খাঁ করা রোববেরে দুপুরবেলায়
ঠাম্মার গল্পভরা ভারী ঝুলির ভার
নিজের কাঁধে তুলে নেয় বেতার।
আমায় অন্যমনস্ক দেখে
জানলার সাদা কাঁচ পেরিয়ে
চুপিসারে ঘরে ঢুকে পড়ে আলো...
চোখ ধুয়ে দেয়...তার উপচে পড়া
জীবনশক্তিময় নরম সবুজ হাতে।
দৃষ্টি স্পষ্ট হতেই
আবার ফিরে আসে মনখারাপ...
অনুমতির তোয়াক্কা না করে
তার নির্লজ্জ অন্ধকার মুখ নিয়ে
সামনে এসে দাঁড়ায়;
দাবিহীন ভালোলাগার ধোঁয়ায়
ভরে ওঠে ঘর,
পায়ের তলার মেঝে সরে গিয়ে
জেগে ওঠে
মানেহীন ইচ্ছার ছোট ছোট সুচাগ্র দ্বীপ।
তাড়াতাড়ি ভালো হয়ে উঠতে চেয়ে
ওষুধের খোঁজে দেরাজ হাতরাই....
এমন সময় মনে পড়ে
আমি এ রোগের নাম জানিনা।

53. গ্রাস

গ্রাস

____

কেউ খেয়াল করে না
কিভাবে কথা কমে যায়
গান থেমে যায়
অভিমান উধাও হয়ে
বেজে ওঠে অভিযোগ হীন হাঁসি
কেউ বুঝতে পারে না,
কতখানি ভারী হলে
মেঘ বৃষ্টি হয়ে ঝরে যায়,
কেউ বুঝতে পারে না,
কতখানি ক্লান্ত হলে
নদী সমুদ্রে মিশে হারিয়ে যায়।
কিছু গল্প ছোয়ার আগেই
মিলিয়ে যায়,
কিভাবে মৃত্যুর গ্রাস
জীবন কে হারিয়ে দেয় রোজ।

54. ছাদের অভাব

ছাদের অভাব

আকাশের সাথে মুখোমুখি হয়নি বহুদিন,
কথা জমে জমে বুকের খাঁচায় নিম্নচাপ,
আসলে এই কংক্রিটে ঢাকা শহরে
চুপকথা শোনা ছাদের খুব অভাব।
এই শহরে নেই লোডশেডিং,
ক্লান্তি ধোয়া হাওয়ার চলাচল,
এই চলমানতা, দৌরাত্ম্যের ভিড়ে
শুধু তাড়াতাড়ি এগিয়ে চলার ঢল;
জো নেই মাদুর পেতে বসার,
একটুখানি জুড়িয়ে নেওয়ার ছুটি,
এই শহরের চকমকে আলো
ঢেকে ফেলে দূর তারাদের মিটিমিটি।
ল্যাম্পপোস্টে আড়াল হয় চাঁদ;
মাঝে মাঝে তাই চশমা খুলে রাখি,
যা কিছু দেখি, তার চেয়ে ভালো
চোখ বুঁজে দেখা যা কিছু পড়েছে বাদ।
জমা জলে ভিজে জন্মেছে চোরাবালি,
শব্দ ঢেকেছে কথার মুখাবয়ব,
নিঃশ্বাসে ধোঁয়া, বিশ্বাসে ক্ষরা,
হেলায় হারায় স্পর্শের উত্তাপ।
ছাদের কোলে শোয়া হয়না অনেকদিন,
শোনা হয়না ঝিঁঝিঁদের সংলাপ,
আকাশের সাথে দেখা হয়না অনেকদিন,

এই শহরে আসলে ছাদের খুব অভাব।

55. স্বপ্ন

স্বপ্ন

কথা খুঁজছি,
এই শব্দের পাহাড়ের নীচে
চাপা পড়ে যাওয়া
কথার কবর...
খুঁজতে খুঁজতে
হারিয়ে ফেলছি স্বর।
স্মৃতি খুঁড়ছি,
খুঁড়তে খুঁড়তে উঠে আসছে ক্ষত;
এক আকাশ গ্রীষ্ম, এক বুক খৈ খৈ জল,
একরাশ সাদা জুঁই ফুলে ঢাকা
টকটকে লাল হৃৎপিণ্ড;
চুঁয়ে পড়া রং,
পায়ে পায়ে ভেঙে ওঠে সিঁড়ি,
জানলার ওপারে চাঁদ, মেঘ,
ঘরের ভেতর অন্ধকারের মড়ি।
দেরাজের চাবি খুঁজছি,
শালে বোনা নরম পশম,
আরাম চাইছি, ওষুধ চাইছি,
ওরা জানতে চাইছে অসুখের নাম।
ডাল ভাত মেখে মুখে পুরছি,
খেতে খেতে
বেড়ে যাচ্ছে খিদের পরিমাণ ,
ধানক্ষেত ধরে রাত নামছে,

রুপোলী সুতো, নির্জন পথ,
আজকের মতো যাতায়াত সমাপন।
বিশ্রাম চেয়ে চোখ বুঁজছি,
বালির মতো ঝরে পড়ছে ছাত;
মাটির বুকে কান পাতছি,
গরলের মতো উঠে আসছে শাপ;
স্পর্শ খুঁজছি, ছুঁতে চাইছি,
সাগরের ক্রোড়ে ডুবে যাচ্ছে তট;
সব ঘাস পুড়ে যাচ্ছে,
ঠিকানা, খুঁজছি বাড়ি ফেরার পথ।

56. আকাশের গান

আকাশের গান

____

কান পেতে শোনো আকাশের গান,
যদি
মন চঞ্চল হয়ে ওঠে,
শহরের ছুটে চলা গাড়িঘোড়ার মতো,
অস্থিরতার জ্বর নামে যদি;
শব্দের কোলাহল, সংলাপের ঝড়ের মাঝে
একটুখানি কথার অভাবে
যদি
হাঁপিয়ে ওঠো,
প্রখর সূর্যস্নাত
বালুরাশির ওপর পড়া বারিদ ফোঁটার মতো
যদি
মন পুড়ে যায়,
শীতের বৃষ্টিভেজা কুকুর ছানার মতো
এই শহরের উষ্ণতাহীন স্পর্শে
যদি
কুঁকড়ে কেঁপে ওঠো,
কখনো উপচে পড়া বিদ্বেষ,
কখনো বুক দুরুদুরু ভয়,
যদি
অস্থিরতার জ্বর নামে
যদি মন
বুঝতে না চায় পৃথিবীর হিসাব,

কৃষ্ণচূড়ার ছাতার নিচে
যদি ঘাসের বিছানা খোঁজে....
মাথা পাতো,
এলিয়ে দাও শরীর, বুকে রাখো হাত,
চোখ বুঁজে শোনো আকাশের গান।

57. ঘুমের ওষুধ

ঘুমের ওষুধ

জমিয়ে রাখা রক্ত-ঘাম
স্বপ্নের হাটে বেচে বেড়াই।
জীবন হাতে তুলে দেয়
চুক্তি, নিয়ম , না পারার ফর্দ।
ভীড়ের মাঝে হাসতে হাসতে
ক্লান্তি কখন আষ্টেপৃষ্ঠে ধরে,
চোখের কোণে মেঘ ঘনায় অজান্তে...
এক বিন্দু অশ্রু টলমল করে,
নিজেকে সামলে রাখে,
ঝরে পড়ার আগে
জানতে চায় এই আয়োজনের মানে।
একটা আকাশ, একটা বুক, একটু ক্ষমা খুঁজি।
ঈশ্বরের শাস্তির ওপর
শাস্তি চাপায় পরিজন,
শকুনের মতো শিকার করে
এক রত্তি ভুল।
অন্তহীন ভুলের অসীম ভারে ঝুলে পড়ে কাঁধ,
একটুখানি ক্ষমা, এক চিলতে বিশ্রাম,
একটুকরো ঘুমের ওষুধ খুঁজি।

৫৪. সাদাকালো

সাদাকালো

____

আমার ঘুম ভাঙ্গেনি
চাঁদের ছুটির ঘন্টা ফেলা
কুসুম রঙা সূর্য ওঠার ভোরে
আমার আকাশ ছোঁয়া স্বপ্নঘুরি
সিমন্তিনি মাঠের ওপর
মুখ থুবড়ে পড়ে।
আমি কাব্য লিখি, প্রেম লিখি না,
সবার একই নালিশ,
আমার চোখ ঢেকেছে অন্ধকারে,
শব্দেরা সব কাহিল।
বন্ধ দোরের সাদাকালোয়
ভাবনা গুলো ঝাপটে মরে ডানা;
নীরবতার সেলাই ঠোঁটে,
কলম জুড়ে অক্ষমতার ঘৃণা।
আমার স্বপ্ন জুড়ে হারিয়ে ফেলার ভয়,
রাতেও রাখি ঘরের আলো জ্বেলে,
পারলে পরে ক্ষমা করে দিও,
আজকাল আর রোদ লিখি না বলে।
আমার পকেট ভরা অবিশ্বাসের পোকা,
টিফিন কোটোয় সব বেঠিকের খোসা,
তারা চিনে বাড়ি ফেরার পথে
গা বেয়ে গলে দিন যাপনের গ্লানি।
রাতের সাথে গল্প করবো বলে

আঁধার মেঘেও জানলা রাখি খুলে,
অন্ধকারে চোখ বুঁজে যায় ভুলে,
সেই রাতেই মৃত্যু ডেকে আনি!

৫৯. চুপকথা

চুপকথা

অকৃপণ আকাশের মতো
এক ফাঁকে শুনে যেও
এক যুগ সই হারা
মূক চুপকথা।
কংক্রিট জঙ্গলে
সবুজের মুখ খুঁজে
শ্রান্ত হয়েছে চোখ এবেলা।
ছাদ থেকে ছাদে খেলা
দুপুরে হাওয়ার মতো
ছুঁয়ে যেও আলগোছে
মনের অসুখ আর পাঁজরের ঘা,
ছুঁয়ে যেও বহুদিন
অযতনে বেড়ে ওঠা
এলোমেলো খোলা চুল;
শান্তনা দিয়ে যেও।
চাতকের মতো আমি,
অজেয় সাধনা করি,
অতল সাগরে ডুবে
অলভ্য কামনা করি..ঈশ্বর প্রেম!
আমি এক ঝাঁক ক্ষত ভরা
বুকে গাঁথি ঘাসেদের ব্যথা,
পাহাড়ি ঝর্ণা বয়া
মনে বুনি একরাশ মেঘ।

একদিন একরাত
একশো বছর ধরে
একটু একটু করে
এক ঝুড়ি জমিয়েছি আলাপের শাক।
জমাতে জমাতে শেষে
ভুলে গেছি কথা বলা,
ভুলে গেছি বিভাবরী সুর।
সদা বও, সদাশিব,
বিশাল এই সৃষ্টির
কতশত অভিযোগ!
কখনো সময় পেলে
ফিরে দেখো পদতলে
নিবেদিত করজোড়ে
মুঠো ভরে তুলে আনা
এক বুক মূক চুপকথা।

60. অক্ষমতার খেদ

অক্ষমতার খেদ

আমি ভালোবাসার কবিতা লিখতে ভুলে গেছি বলে
আমাকে ক্ষমা করে দাও,
গভীরতা ছুঁয়েছে ঋণাত্মকতার ছায়া, অন্ধকার
ঢেকেছে চোখ;
আমার ভাবনারা এখন চার দেওয়ালের
সাদা কালো রঙে অন্ধ, আমার শব্দেরা
বন্ধ জানলার শিকলের গায়ে ডানা ঝাপটে মরে।
আমি আর ভালো থাকার পদ্য লিখি না বলে
আমায় ক্ষমা করে দাও,
আমার কলম জুড়ে অক্ষমতার খেদ, ওষ্ঠ যুগল শ্রান্ত নিরবতায়,
রাতেও রাখি ঘরের আলো জ্বেলে,
আমার মাথায় ভরা অবিশ্বাসের পোঁকা,
স্বপ্নে এখন হারিয়ে ফেলার ভয়!
আমি রোদ লিখি না বলে, আমাকে ক্ষমা করে দাও,
আমার ঘুম ভাঙে না চাঁদের ছুটির ভোরে,
আমার শয্যা জুড়ে বছর গোনার ক্লেশ,
আমার চোখের পাতায় দিন যাপনের গ্লানি।
আমি আর তর্ক করিনা বলে, আমাকে ক্ষমা করে দাও,
আওয়াজ আমার মাথায় আঘাত করে।

61. যারা লিখতে জানে

যারা লিখতে জানে

____

যারা লিখতে জানে
তারা কখনও সুখী হয় না,
তারা অবিরত যুদ্ধ লড়ে,
আবাহন করে ঝড়ের অস্থিরতা,
মেঘের অশনি মুখ,
যারা লিখতে জানে
তারা অযথা বিদ্রোহ করে,
তারা খুঁজে মরে
ভিক্ষু শিবের কালভৌরব রূপ!
যারা লিখতে জানে,
তারা রাতের মতো শীতল হয়না,
তারা পাহাড়ের মতো স্থির হয়না,
তাদের সাথে বাঁধা যায়না ঘর;
তারা প্রেমিক হয়েও সৃষ্টিছাড়া, গৃহী হয়ে যাযাবর।
যারা লিখতে জানে,
তারা ভালো থাকতে শেখে না,
তারা আগুনের মতো পুড়তে জানে
জ্বালাতে জানে আগুন
তারা সুচের মতো বিঁধতে জানে
তুলতে জানে আঙুল।
তারা বৃষ্টির মতো কান্না ঝরায়,
স্তব্ধতা চিরে পড়ে নিতে জানে
যা কিছু ব্যক্তিগত।

তারা কাঁধে করে বয়, বুকে ধরে রয়
যুগের রক্ত ক্ষত।
তারা ফুসফুসে পোষে বিশাল ধরার
দুঃখের চুপকথা,
যারা লিখতে জানে, লিখতে জানে
রাজার পাপের গাথা।
সরকার আসে যায়
যারা লিখতে জানে,
তারা হামেশাই বিরোধী দলেই রয়...
তারা হতে জানে নদী, হতে জানে ব্যোম
হাতের কলম বদলাতে জানে ক্ষুরধার শলাকায়।
যারা লিখতে জানে,
ঈশ্বর বাদে কাউকে করে না ভয়,
সৃষ্টির তারা পরম পূজারী
নির্ভীক হাতে জল্লাদসম ধ্বংসের লেখে ক্ষয়।

62. এই ভীষণ অসুখ

এই ভীষণ অসুখ

নীর মুখো পাখি
তার ঝরে পড়া পালক,
তার গুনগুন সুর,
তার চলাফেরার শব্দ,
সবকিছু
মুছে নিয়ে
ফিরে গেছে বাড়ি।
উদারতার খাতিরে
তার শূন্য খাঁচা
ভর্তি করে
আমার জন্য রেখে গেছে
শুধু মনখারাপ;
আমার বাগান জুড়ে
পুঁতে গেছে
এক ঝাঁক কবিতার বীজ,
হৃদয়ের দিঘীতে
ছেড়ে গেছে
অবৈধ কিছু ইচ্ছার চারাপোনা;
পাঁজরের আঙিনায়
বেঁধে গেছে
অবাধ্য একটা মন....
সেই মনের চোখে
বুনে গেছে

অহেতুক অপেক্ষা,
সেই মনের মাথায়
গুলে গেছে
থেইহীন কল্পনার বীষ...
এই অস্থির গরল
কোষ থেকে কোষে,
শিরা থেকে শিরায়,
স্নায়ু থেকে স্নায়ুতে বয়ে
নীলিয়ে দিয়েছে শরীর!
মননে মিশছে
আত্মগ্রাসী অপরাধবোধ ,
কাঁধে আমার আকাশ ভাঙা ভার!
অসংখ্য তুমির
ভীড়ের মাঝে
আমার অগুনিত চিঠি
পৌঁছোয়নি তার ঠিকানায়।
সে পিছন ফিরে দেখেনি
আমার সারা গায়ে কেমন
গুটি গুটি তার নামের আদ্য অক্ষর,
সে জানেনি,এমন ভীষণ অসুখ
আমার করেনি আগে কোনোদিন।

63. বাড়ি ফেরার পথ

বাড়ি ফেরার পথ

আমি বয়ে চলেছি একটা গাছ
যা তোমাদের শীতলতা হীন ভবিষ্যত পৃথিবীতে ছায়া দেবে,
নিয়ন আলোয় অভ্যস্ত চোখ কে দেবে সবুজের প্রশান্ত শান্তি;
যখন তোমার গুলদস্তার সব ফুল ফুরোবে,
যখন তোমার গালিচার সব ঘাস শুকোবে,
তখন এই গাছটি পৃথিবী কে দেবে চারা।
নৌকা বয়ে চলেছি, যে নদী পার ছোঁয় না তার কোলে,
সেই নৌকায় বাঁচিয়ে রেখেছি একটা গাছ,
যা তোমাদের বৃষ্টিহীন ভবিষ্যত পৃথিবীকে আর্দ্রতা দেবে,
অতিযান্ত্রিকতায় ক্ষতবিক্ষত ক্লান্ত শরীরকে দেবে প্রলেপ স্বরূপ সহমর্মিতা,
যখন তোমার হাত আকাশ ছোঁবে,
ঘোর ভাঙবে, তুমি খুঁজবে পায়ের তলার মাটি,
তখন এই গাছটি তোমার হাত ধরে বাঁচলে দেবে বাড়ি ফেরার পথ।

64. ঘুণ

ঘুণ

____

তোমার গৃহকারাগারের প্রাঙ্গণে উড়ে এসে বসলো
এক প্রাণদীপ্ত পাখি, বয়ে আনলো মেঘভাঙা রোদ,
উঠান জুড়ে ছড়িয়ে দিল সাদা চালের কণার মতো
হিরকোজ্জ্বল ভালোবাসার বীজ।
তোমার দৃষ্টিহীন চোখে তখন মারাত্মক সামাজিকতার ভয়,
তোমার বিশালকায় মস্তিষ্কে সংক্রামক ঋণাত্মকতার ছায়া,
তুমি চাইলে তার রঙ, গন্ধ, সুর মুছে ফেলে
সমাজের সাদা কালোয় তাকে ভিড়িয়ে দিতে,
যেভাবে ভিড়ে গেছো তুমি, তোমার পূর্ব ও পর নারীপ্রজন্ম।
তুমি তাকে আপন না করে দাহন করলে,
তাকে স্বীকার না করে গোপন করলে।
তাকে শিকলে বেঁধে বললে, "ভালোবাসো?"
তার ডানা ছেঁটে জিজ্ঞেস করলে, "ভালো আছো?"
যে ভয়কে তুমি এতদিন দুধ-কলা দিয়ে পুষেছো,
তার ছোবলে শেষমেশ তুমি বোধবুদ্ধি হারালে।
বটবৃক্ষের মতো উন্নতশীর শান্ত ধীর নারীর
তুমি ঘাড় ধরে মাথা নত করালে!
তার সবুজ সৌম্য দীপ্তি তুমি আড়াল করলে
অর্বাচীন পরাধীনতার ঘোমটায়।
যে নারীত্বের সে গর্ব করে,
যে স্বাধীনতার সে লড়াই লড়ে,
ঘুণ ধরা সমাজের সামনে দাঁড়িয়ে
কন্ঠ ছেড়ে গায় যে সাম্যবাদের গান,

তোমার পশ্মুস্তের ওড়না জড়িয়ে
এক লহমায় নির্দ্বিধায় তুমি করলে তার কন্ঠ রোধ।
পঙ্কিলবাস শেষে
তার চলে যাওয়ার সময়
অধির আগ্রহে তুমি জানতে চাইলে, "আবার আসবে তো?"

65. সহজ কান্না

সহজ কান্না

অল্পতে ঝরে যাওয়া
সহজ কান্না দাও,
ভিজলেই গলে যাওয়া
নরম দুঃখ দাও,
ঘুমালেই সেড়ে যায়
ততটাই ক্ষত দাও,
দিন গেলে মুছে যায়
সেরকম স্মৃতি দাও।
ফুরোচ্ছে চক, খড়ি,
ফুরোচ্ছে বোর্ড,
মিলছে না তবু দেখো
অঙ্কের যোগ।
দুর্বল মনঘরে
বাসা বাঁধে ভয়,
ভয়াতুর কবিতারা
চাপা পড়ে যায়।
বাগানের দোষ নেই,
অপয়া মালি,
যত ঢালি জল,
তত ঝরে যায় কলি।
এই তাসের ঘরেই
রাখা প্রাণ ভ্রমরা,
আমিই ধ্বংস, আমি ছন্নছাড়া।

যে লেখাতে আমি নেই,
সে লেখায় ওরা
বুঝি থাকবে সুখে।
তুমি তো সৃষ্টিকার,
খুব সহজে
এই অমিলের গল্প মুছে
ছন্দ মিলবে যাতে,
সেই গানের মতো,
আবার ঘুরিয়ে লেখো।

৬৬. নির্ভুল ভগবান

নির্ভুল ভগবান

ভালো চাইতে চাইতে একদিন তুমি
চক্ষুশূল হবে।
তারা নিচে নামবে,অনেক নিচে,
যতোটা নিচে নামলে
তুমি হাল ছেড়ে দাও,
যতোটা নিচে নামলে তোমার মনে হয়
চেষ্টা করাটা
তোমার ভুল ছিল,
যতটা নিচে নামলে তুমি দেখো
কিভাবে অন্ধ হয়ে
বছরগুলো কাটিয়েছ তুমি।
তারা নিচে নামবে,
যতোটা নিচে নামলে তুমি দূরে ফিরে যাও।
ভালো চাইতে চাইতে
একদিন তুমি ক্লান্ত হবে,
যতোটা ক্লান্ত হলে
চেষ্টা করার ইচ্ছে মরে যায়,
চেষ্টার ভারে হাঁপিয়ে ওঠা ফুসফুস,
এইবেলা জিরিয়ে নিতে চায়;
তোমার একরাশ ভুল ধরা গাছের
ছায়ায় বসে চোখ বোঁজো তুমি।
সেই সময়
তারা কর্মঠ হবে,

ঠিক যতোটা কর্মঠ হলে
তোমাকে হারিয়ে দেওয়া যায়,
তোমাকে হারিয়ে ফেলা যায়,
ভালোবাসার ছাই বলী দিয়ে,
প্রতিদ্বন্দ্বীহীন নির্ভুল ভগবান হওয়া যায়।

67. হাফ টাইম

হাফ টাইম

____

কেউ জানতে চায়নি
কেমন আছি,
কি করে কাটছে দিন!
কেউ দেখতে চায়নি কান্না
শূণ্যতা আর ক্ষত,
বইতে চায়নি খেয়াল রাখার ঋণ।
দূরে দূরে হেঁটে
মিশে গেছে ভীড়ে সব;
খালি ঘর জুড়ে চুপকথা যত
করে যায় কলরব।
আমার কোনো তুমি,
কোনো কাঁধ নেই;
আমার কোনো 'এর পর',
কোনো আগামীর সাধ নেই।
আমার যমরাজ বড় আরামবিলাসী,
কর্মের অবকাশ নেই।
আমার ঈশ্বর বড় আমোদপিয়াসী,
শুরু করা খেলা অস্ত না হলে,
মাঠ ছাড়ে না সে,
হাফ টাইমেরও চান্স নেই।

৬৪. আদিম ধ্রুবতারা

আদিম ধ্রুবতারা

____

গান শুনতে শুনতে
একটা বর্তমান দেখছি,
যা আমাকে ছোঁয়ার আগেই
অতীত হয়ে যাবে।
আমার ভালোলাগা গুলো
চিরকাল ভিত্তিহীন।
বহুদিন পর
মনে পড়ে গেলো
রাত্রের আবছায়া রাস্তাটা,
ঘাসে পড়ে থাকা হলুদ সাদা সূর্য,
সেই শূণ্যপুরি,
হলদেটে ল্যাম্প পোস্টে বসে থাকা
নীল-কমলা পালক পাখিগুলোর
ছোঁ মেরে পোঁকা শিকার,
ছাদের কোলে
আমার অল্পক্ষণের আমি সময়,
গাছের সারি ধরে
চোখের অবিরাম খোঁজ,
শান্ত গভীর কালচে নীল আকাশ,
দূরের নাম না জানা পাহাড় সারি
আর রোগগ্রস্ত মনের খেয়াল রাখা
একটা গান।
কিছু কিছু গান কিছু কিছু দুঃখের সাথে

এমনভাবে জুড়ে যায় ,
যে বহুদিন পর একা বসে সেই গান শুনলে
মেশিনের সূঁচের মতো
পুরনো ব্যাথাগুলো গরগর করে
হৃদপিন্ডের দেওয়ালে
নকশা কাটা শুরু করে,
অনুশীলনী দক্ষ পিয়ানিস্টের মতো
চোখ বুঁজে সঠিক ক্ষতয় আঙুল ছুঁয়ে দেয়।
বসন্তেও কেমন অনায়াসে ভিজিয়ে দেয়
মনখারাপের বৃষ্টি!
এক দুঃখ না চাইলেও
বারবার বাঁচা যায়।
অতীত, সময়, অনুভূতি.....
ওরা অভিমান জানে না ,খুব সহজেই ফিরে আসে,
শুধু মানুষ ছাড়া।

69. মরমানব

মরমানব

____

আমি যুগে যুগে বাগদান করে
হজুগে সঙ্গ করেছি ত্যাগ,
আমি ভালো রাখার গল্প গড়ে
বুক আঁচড়ে খুড়েছি খাদ।
তোমায় আদর করে বিষ দিয়েছি,
কোলে শুইয়ে করেছি খুন,
আমি জেদের বশে আগুনে সেঁকেছি
রক্ত, মাংস, জরায়ু, ভ্রণ।
কারোর কাছে হার মানিনি
আমি তো কখনও করিনি ভুল
কাঁটায় রচেছি ফুলশয্যা
পায়ের তলায় দলেছি ফুল।
আমি খাঁটি হিংসার করেছি পূজা
সুন্দরে রাখি অরুচি খুব,
আমি যুদ্ধের মাঠে দালালি করেছি,
অন্যায় দেখে থেকেছি চুপ।
আমি অসুরের সাথে বেসাতি করেছি,
মর্ম বেচে কিনেছি ক্রোধ,
আমি মোহের বোল সজোড়ে বাজিয়ে
করেছি জ্ঞানের কণ্ঠ রোধ।
তুমি ভয়ে কাঁপো, চণ্ডাল ডাকো,
আমি তার চেয়েও বেয়াদপ,
সভ্যতা, আমি তোমার প্রণেতা,

তোমার হন্তা মরমানব।

70. কখনও

কখনও

কখনও
আমার একটা সর্বংসহা আকাশ ছিল,
দিন শেষে তার সাথে কত কথা হত,
মান অভিমান দুঃখ রাগ স্মৃতিচারণ।
কখনও
আমার একটা উদারচিত্ত ছাদ ছিল,
তা বেয়ে দুপুর নামতো একপিঠ ভেজাচুলে,
শীতল রাত্রি চাদর বিছিয়ে টেনে নিত তার বুকে।
কখনও
আমার একটা সুপরিচিত আমি ছিল,
তার দুচোখ ভরা প্রশ্ন ছিল, স্বপ্ন ছিল,
প্রাণচঞ্চল ফুসফুসে তার সখ,আহ্লাদ,ইচ্ছা ছিল,
কখনও।

71. রিফ্যুজি

রিফ্যুজি

আত্মঅভিমান, সমাজনীতির কথা কড়া কড়া,
বোঝেনা সে সব হঠাৎ রাতে ঠিকানা হারায় যারা, নাম যার বাদ
গেছে ভোটের খাতা থেকে,
কাঁটাতার, রেলপাড় দেশ বদলেছে,
এক রাতে হারিয়েছে পরিচয়ের মানে,
তাদের প্রতি রক্তকণা টের পায়,
জীবন হঠাৎ বদলে যেতে জানে,
হঠাৎ হারিয়ে যায়!
সব আলো নিভে গেলে একরাশ মুখ,
চোখ মেলে জেগে থাকি পেটে ধরে ভুখ।
তাতে তোমার আমার কি বা দায়?
অলক্ষ্যে ঘাসের সারি ক্রমে বেড়ে যায়,
হেসে খেলে, মাড়িয়ে, কাটিয়ে পাশ,
এগিয়ে চলি, সব আলো নিভে গেলে
জেগে থাকে একসারি রাতের কালো ঘাস,
চোখ খুলে, পা মিলে, পেটে খিদে জ্বলে ।

72. চিঠি

চিঠি

____

ভোরের সূর্যটা আজকাল বড় ভালো লাগে,
নাক ভরে শ্বাস নিয়ে খুব,
বেকারদের সকালে কোন তাড়া থাকেনা।
"আমাকে নিয়ে আর স্বপ্ন বুননা",
ভাবছি প্রেমিকাকে বলে দেব।
মাকে বলবো দুপুরে ভাত বেড়ে
আর আমার অপেক্ষা না করতে।
বাবাকে বলেছি দেরি হলে যেন
এখানে সেখানে খোঁজ না করে।
বন্ধুদের আড্ডায় যাওয়ার কথা দিতে পারি না।
আজকাল হাঁপানির রোগ ধরেছে ফুসফুসে,
একগুচ্ছ স্বপ্নের পরজীবী অ্যালভিওলাই ঢেকে, নাড়া দিলে সারা নেই
কোন,
আজকাল মনের নেই খোঁজ।
এইচএস, ব্যাচেলার জমিটাকে খেলো খালি,
ভাঙা চাল, কুঁড়ে ঘর, বড় বোন, ছোট ভাই,
বাড়িটাকে দুচোখ ভরে দেখিনি বেরোবার আগে,
এক বুক স্বপ্ন উপড়ে ফেলে পুঁতে দিতে হবে ভাগ্যের কাঠগড়ায়,
পথ ভুলে কোন দিন জানি ঘরে ফেরা না হয় !

73. পরিচিত

পরিচিত

অস্ত যাওয়া সূর্যের ক্লান্তি, অবসাদ দেখেছি চোখে, ক্ষণকাল শুনেছি
গোগ্রাসে গিলেছে সে সুখ,
বুকের পাঁজর দিয়ে ঘিরে রাখে দিঘী ,
হৃদপিন্ডের লাল নোনা জলে করে দুঃখ পোনার চাষ,
নিভৃতে গান গেয়ে জীবনের গল্পে ভাঙ্গে ঠোঁট,
তার ছবি আঁকে না কেউ,
অথচ তুমিও শুনেছো তার কথা,
রূপকথায় রাজার ভুলের মাশুল গুনেছে সে,
আজও তার প্রথা রাখে ধরে;
নিঃশব্দে দুঃখ গলিয়ে
সাতরঙা হাসির পাত গড়ে,
এককালে শুনেছি গোগ্রাসে গিলেছে সে সুখ,
অজানা অসুখ তার এখনো জীবন ধরে রাখে ।

74. আত্মভিমান

আত্মভিমান

____

একদিন খুব ভোরে সূর্য অস্ত গেল,
তখনো ঘুমের ঘোর ভাঙেনি ,
রাস্তা ভুল করে খাদে পড়ে গেলাম,
পৌছালাম সোজা ভূগর্ভের ম্যাগমা প্রকোষ্ঠে, আমার আত্মা বাষ্প হয়ে
বেরিয়ে এলো
লাভার সাথে,
ছিটেফোঁটা ছাই উড়ে পড়ল তোমার গায়েও ।

75. সভ্যতা

সভ্যতা

আমার এখানে রাঙা আলোর ভোর হয়,
তোমার ওখানে ঝট করে আটটা-নটার সকালবেলা;
তোমার সকাল-- ব্যস্ততা শত,
চিন্তায় পড়ে দুপুরের মেনু আর টিফিন,
আমার সকাল---নিমের দাঁতন,
ভেজা জল-মুড়ি, লাঙ্গল হাতে পার করি দিন।
তোমার ওখানে দুপুর নামের জিনিস আছে,
গাছের ছায়ায় আমার স্বল্প বিরতি কাটে।
তোমার ওখানে আলস্যে
বিকেল গড়িয়ে, গোধুলি পেরিয়ে লাস্যময়ী সন্ধ্যা নামে,
আমার এখানে ঝুপ করে
প্রদীপ জ্বলা অন্ধকার।
তোমার সন্ধ্যা মানে-- হালকা খাবার,
বোকা বাক্স, আড্ডা অথবা আউটিং,
আমার সন্ধ্যা-- দিনের শেষ, উননে বসা মাটির হাড়ি,
ঝিঁঝিঁর ডাক, মশার কামড়, লোডশেডিং।
রাত্রি তোমার-- গরম করা ফ্রিজের খাবার,
নরম গদি, প্রেমের ক্ষণে অন্তলিন,
আমার রাত্রি--- ক্লান্ত শরীর,
মরার ঘুম, অনিশ্চিত এক পরের দিন।

76. নিষিদ্ধ অ্যালবাম

নিষিদ্ধ অ্যালবাম

নিষিদ্ধ প্রেম জাপটে বুকে ধরে,
দিন ডুবে যায় সময়ের সিঁড়ি বেয়ে।
খাঁচা খোলা পেলে এঁকে যায় খালি নদী,
চোখের পাতার আলতো আলতো চুমুক,
ঢের ক্লোরোফিল, প্রিয় আজও পরজীবী,
গাল গলে নামা মুক্ত বাঁচায় চিবুক।
দেনা পাওনা বাষ্প হয়ে ফোটে,
প্রেসার কুকার আস্ত বুকের ভেতর,
ঘড়ির কাঁটার ছন্দে পেরেক পোঁতে,
হৃদপিন্ডের বিক্রি জমির ওপর।
স্মৃতির শুধু স্বল্পখানিই আকর,
বাঁচিয়ে রাখা সঞ্জীবনী বেঁটে,
হাজার বছর আগে কাটা জাবর,
পেট ভরানো পুরনো মাংস শেঁকে।
রাত্রির কাজ আমায় জাগিয়ে রাখা,
স্বপ্নের রং এককালে ছিল নীল,
প্রাণপনে মন ওল্টাতে থাকে পাতা,
আঙুল খোঁজে হলুদ রঙের রিল।
গালিচার নিচে ঘাসফুল বাঁচে,
গল্প থাকে গোপন,
রিল ঘুরে মরে, পর্দায় ভাসে
নিষিদ্ধ এক প্রেমের রাত্রি যাপন।

77. কীট

কীট

ট্রাফিকের বাতি লাল, হলুদ, সবুজ,
ব্যস্ত লোকের বাস ধরবার দৌড়;
ফুটপাথ ঘেঁষে প্লাস্টিকের গম্বুজ,
একদল জীবের কিলবিলে পাল,
ওরা বলে 'ঘর'।
অগণিত গাড়ি যায়,
পিপ পিপ হর্ন,
জ্যামে আটকায়,
গাড়ির কাঁচে টোকা দেয়,
বাসে উঠে হাত পাতে,
কোলে ছোট বোন,
খালি পায়ে টাকা চায় ৩ ফুটে শিশু,
নাকি ওরা শিশু নয়?
ওদেরও কি মানুষ বলে ভাবি?
কাঁচ তুলে চলে যায় গাড়িগুলো,
মোবাইলে চোখ রেখে না শোনা, না দেখা করে,
আমিও এড়িয়ে যাই।
সৌজন্য ওরা জানে না,
নোংরা হাতে গা ছোঁয়,
ব্লেড হাতে পকেট কাটে,
ওরা কি ভালোবাসা জানে?
ওরা হয় খুনি, ওরা হয় চোর,
ওদেরও কি যায় ভালবাসা?

নিঃসংকোচে বলি 'একদমই না'।

74. গতানুগতিক

গতানুগতিক

দেবদুতের পারিজাতের কুসুম আনে,
কলজে ছোট, মিষ্টি হাঁসি,
বুড়ো রাজা বীর্য বসায় সিংহাসনে,
সভার রায়ে কন্যা দাসী।
রাতপরীরা ঘুমপাড়ানি কে বা জানে!
ঠাম্মা তবু গল্প পাড়ে,
নিয়ম কড়া, আলোর ফেরায় বরুণ পানে,
সূর্যি ডুবে বয়স বাড়ে।
মেয়ে ধরা সব বিদঘুটে হয়,
কান পেতে ঘোরে রাস্তা দিয়ে,
সম্পূর্ণা সিঁদুরে বিকোয় ,
কেউবা ভিড়ে যায় হারিয়ে।
শখের খেলা ছোটবেলার রান্নাবাটি,
পক্ক হাতে ফোসকা আনে,
ফেরিওয়ালা হাঁক দিয়ে যায়,"টব- বালতি",
দুপুর বেলার একলা কানে।
চুপ কথারা চাঁদের গালে মুক্ত ঝরায়,
ভোর পেরোলেই ফিসফিসানো,
রূপকথারা আজগুবি সব দিনের বেলায়,
রাতের কালো মন জুড়ানো ।

79. তিলোত্তমা

তিলোত্তমা

স্পষ্ট গালের রেখা,
পিঠখানা ব্যাঁকা, চুলগুলো সাদা, রুগ্ন চোখে কালি,
কবিতায় পেলে কবিরা তোমার
বয়স কমায় খালি।
জানো ঠিক তুমি,বড্ড সেয়ানা,
উপেক্ষা কত বয়স বাড়ায় গুনে,
কথার মেকআপ পুরনো কবিতা,
সেজেগুজে রোজ প্রেমিক জোটাও এনে।
সর্বনাশা রূপ বাসনা,
তোমাকে কি আর মানায় ঢাকায় শাড়ি?
তিলোত্তমা, ওগো ললনা, যাও অবসরে,
হয়ে গেছো তুমি বুড়ি।

৪০. গণতন্ত্র

গণতন্ত্র

গণতন্ত্র জীবন্ত থাকুক
অর্ধেকেরও বেশি মূর্খ মানুষের দেশে,
চেয়ারে বসুক নেতা
বিচারবোধহীন আঙুলের নীল ছাপে ,
তারপর
কৌটের ঘি পকেটে ঢুকুক,
তেল গলে হোক জল,
গাছ ভেঙে যাক
ডাল ঝুলে থাক মাকাল ফল।
স্থানীয় সাদা পাঞ্জাবির পেছনে
লেগে থাকুক যৌবন
চাকরি পাওয়ার আশায়,
মনে ভয় নিয়ে
কিছু জীবন রাস্তা হাটুক,
বছরের পর বছর ধর্নায় বসে থাক নিশ্বাসগুলো,
বিশাল ডেঁপোরা
ট্রেন বাসের বক্তৃতায়
নিমেষে সমাধান বের করুক হাজার,
পাশের বাড়ির নিন্দা করুক,
সুযোগ বুঝে সটকে পড়ুক,
শাক তুলে মাছ খুঁজুক,
প্রতিবাদ হোক, যেখানে হবার নয়;
সন্ত্রাসবাদ , ধর্মের বুলি , বিভাজন নীতি

ছড়াক বাতাসময়।
ওদিকে ঘরে ঢুকে ডাকাত
নিয়ে যাক
গরু, শিশু, টাকা, মেয়ে;
বোবা হয়ে, কালা হয়ে, অন্ধ হয়ে, ঠুঁটো হয়ে,
জেনেও, কিছু না জানতে চেয়ে,
নীল ছাপ লাগা আঙুলগুলো
নিষ্পাপ মুখে দাঁড়িয়ে থাকুক ।

৪১. বোবা হওয়ার আগে

বোবা হওয়ার আগে

দু'দণ্ড বসে কথা বলো,
দেশ, দশ, আত্ম,
যা কিছু তোমার,
দুঃখ অথবা সুখ;
সমুদ্রের মতো গভীর,
তরলের মত সহজ,
যেমন ছাদের রোদে
চুল শুকোতে শুকোতে
মা ও মেয়ের সংলাপ,
পদ্যহীন, অলংকারহীন
সোজা বাংলায়;
যেমন পুকুর ঘাটে
স্নান করতে করতে
গ্রামের মেয়ে বউদের গল্প;
নিজের মনের গোপন কথা,
লোকের বাড়ির হাঁড়ির কথা,
নিন্দা , ঝগড়া , খুনসুটি;
দুদন্ড বসে কথা বলো,
যা শুধু শব্দ নয়, শুধু অক্ষর নয়,
নিছক বলার জন্য বলা নয়,
সাজানো গোছানো বাক্য নয়,
ছক কষে বলা কথা নয়,
পরিপাটিহীন সহজ সরল কথা...

বোবা হওয়ার আগে
দু'দণ্ড বসে কথা বলো।

৪২. ভুল বুঝেছি

ভুল বুঝেছি

রুপলালসায় মত্ত শহর,
তার গহনা ঝিকিমিকি
টুনির আলো, নিয়ন বাতি;
সেই শহরেই চিকিৎসা নেই
গলির ভেতর জমতে থাকা
অনাবৃত অন্ধকারের।
বুক ফুলিয়ে , স্বর চড়িয়ে
সিংহাসনে অধিষ্ঠিত
শহর আমার বক্তৃতা দেয়,
চলবে গাড়ি নদীর তলায়,
রেল আকাশের রাস্তা পাবে,
দেশের মাটির গন্ধ মুছে
শহর আমার বিদেশ হবে,
এ হেন তার প্রতিশ্রুতি!
এমন দিনে হঠাৎ পড়ে
উড়ালপথের ভুঁড়ির ভারে
শরীরচাপা,
বৃষ্টি এলে শহরবাসী
নৌকা চড়ে নর্দমাতে।
বছর পেরোয় ,
ধুমধামে হয়
বহুতলের সংখ্যা গণন,
কেউ রাখেনা স্টেশন ধারে

কিল বিলিয়ে বাড়তে থাকা
জীবনহীন জীবের খবর।
তারই মাঝে কারা যেন প্রশ্ন ছোঁড়ে:
যে শহরে তিরিশ টাকায়
সবজি মাখা ভাত পাওয়া যায়,
সেই শহরে মানুষ কেন
হাত বাড়িয়ে ভিক্ষে করে?
যে শহরে গিজগিজে ভীর
ঠুলেই বের হয় বুদ্ধিজীবী,
সেই শহরে শিক্ষিতরা
বেকার কেন? কাঁদছে রোজই।
এসব কথায় কান দিতে নেই,
শহর এখন সেলিব্রেটি ,
এমন সওয়াল করছে যারা,
হাঁটুর নিচে তাদের মাথা।
সত্যিকারের উন্নয়নের
মানে যারা বুঝতে পারে,
দিব্যি তারা ছুটছে খেতে
সাতশো টাকা পার কাপে চা।
শহর আমার বাস পেতেছে
দুই শতকের খানিকটা কম
বর্গমিটার ক্ষেত্রফলে,
তারই মাঝে জন্মায় দেশ,
জন্মে তারা 'জেহাদ' বলে।
শহর আমার তিলোত্তমা,
তিলোত্তমার শহর কি আর ?
তিলোত্তমার সোনার ছেলে
ট্রেনে, বাসে অফিসে যায় ,
সুযোগ বুঝে হস্ত বোলায়

তিলোওমার পাছার পরে,
ভিড়ের মাঝে হঠাৎ ভুলে
ছুঁয়ে ফেলে বুকের চড়াই,
সড়ক বাতির আলোর নীচে
বিকোয় আমার তিলোওমা
তিরিশ টাকা রাত্রি রেটে।
যাদের কোন পদবী নেই,
তাদের কোলের বেদনার,
হামাগুড়ি দেওয়ার আগে
বেলেড হাতে পকেট কাটে।
ভিড় জমেছে, ভিড় জমেছে,
মৃহমৃহু হাতের তালি,
গান গাইছে গায়ক স্টেজে,
'শহর আমার বেলুন গাড়ি',
বুঝতে পারি, বুঝতে তবে আমারই ভুল।
সত্যিই তো শহর আমার
গড়ের মাঠ, জোড়া মাখা,
দুই ধারে গাছ, ক্রিকেট কোচিং, বাদাম ভাজা,
শহর আমার কফি হাউস ,ঠাকুরবাড়ি,
নৌকা বিহার, শহর আমার,
ইডেন গার্ডেন সিঁদুর খেলা দুর্গাভাষাণ ।

৪৩. নেতা

নেতা

ধান , নাকি খুঁদ? তাল, নাকি শ্বাস?
খাবে চেটেপুটে, থাবলে বা খুঁড়ে,
নিংড়ে বা পিষে অন্তিম রস;
ভরা পেট, তবু স্বভাবে হা ঘরে,
ধূর্ত হাভেতে খেঁকশিয়াল;
পাঞ্জাবি সাদা, মুখে নীতিকথা,
চামচারা বলে,
"দাদা আমাদের নির্ভেজাল।"
জনগণ গাধা, ছোটখাটো মাথা,
টুপিও সস্তা, খেলনার মত বন্দুক নল,
দিনের আলোতে নিশ্চিত ঘোরে
শাসকের পোষা গুন্ডার দল।
থাকিরা বসুক রাস্তার মোড়ে,
ক্ষমতার বলে কলাকৌশলে
নেতা সারে কূট কাজ,
নেতার বিরোধী স্লোগান চেঁচালে
প্রজা দেশদ্রোহী আজ ।

৪৪. রাজনীতি

রাজনীতি

____

এক গ্রাম চাষী অন্ধ,

এক গ্রাম শুষ্ক জলাশয়,

এক মাঠ ধান প্রায় ঝরে পড়ে;

এমন সময় আকাশে মেঘ দেখে আওরালাম,

"হ্রিং টিং ছট!"

টুপটাপ বৃষ্টি পড়তে লাগলো,

সবাই বিস্ময় বলে উঠলো,

"তুমি বৃষ্টি আনার মন্ত্র জানো!"

আমি সুযোগ বুঝে সুযোগ নিলাম,

এরপর আমি হয়ে উঠলাম নেতা।

মাইকের কম্পনে আমার উদাত্ত গলার আওয়াজ

শোনার জন্য জরো হলো এক গ্রাম লোক,

আমি সজোরে বললাম, "রুটি দেব",

এরপর আস্তে করে বললাম,"বদলে নেব প্রাণ।"

এক মাঠ ভিড়,

বুদ্ধি বিক্রি করা মানুষের ভিড়,

ওদের হাঁ করা মুখে

একসঙ্গে ধ্বনিত হল জয়জয়কার,

ওরা শুধু 'রুটি' শুনল,

ওরা শুধু 'রুটি পাব' বুঝলো ।

কিন্তু এরপর বাধ সাধলো

পাশের গ্রামে আসা

আমার মতোই আরেক ধূর্ত শৃগাল;

আমি যাকে সত্যি বলি, সে তাকে মিথ্যে বলে, আমি যাকে ঠিক বলি,
সে বলে ভুল।
এইরকম চলতে চলতে
একদিন যুদ্ধ বাঁধলো,
এই গ্রামের মানুষের সাথে, ওই গ্রামের মানুষের, মারা পরল বেশ কিছু
জন,
বুদ্ধিজীবীরা নিন্দা করলো,বলল,
এই মৃত্যু মিছিলের দায় আমার,
আমি এর প্রতিবাদ জানালাম,
আমি জানালাম এ সাজানো ঘটনা ছাড়া
আর কিছুই নয়,
না খেয়ে, না দেয়ে, কুমির কান্না কেঁদে,
বিনি পয়সায় কচু বিলিয়ে,
আমার পিছনে জড়ো করলাম
লক্ষাধিক বরাহ নন্দন,
এর আমি নাম রাখলাম ‘রাজনৈতিক দল’।
সময় পেরোলো পাঁচটা বছর,
গণতন্ত্রের যজ্ঞ করার সময় এল,
আমি ওদের চিকেন আর মদ দিলাম,
ওরা আমাকে দিল ভোট।
এবার আমি নেতা থেকে রাজা হলাম,
প্রজার কাছে আমি ভগবান!
এবার আমি অন্ধ চাষীদের কাছ থেকে
কিনে নিলাম ধান,
সেই ধানের চাল বিলেতে বিক্রি করে
ব্যাংকে টাকা জমালাম,
আর খুঁদটুকু রেখে দিলাম ঘরে;
দেশ জুড়ে তখন দুর্ভিক্ষ, খিদের হাহাকার,
এমন সময় সবার হাতে ভিক্ষে দিলাম

এক এক মুঠো ঘরে তুলে রাখা খুঁদ;
এইভাবে আমি মন জিতলাম,
এইভাবে আমি দেশ কিনলাম,
এরই আমি নাম দিলাম রাজনীতি।

এক এক মুঠো ঘরে তুলে রাখা খুঁদ;
এইভাবে আমি মন জিতলাম,
এইভাবে আমি দেশ কিনলাম,
এরই আমি নাম দিলাম রাজনীতি।

৪৫. আমি কবি নই

আমি কবি নই

আমি কবি নই,
কবিরা বুকের বাম দিকে
আকাশ পাততে জানে;
আমার বুক জুড়ে শুধু নদী।
চরিত্রের যন্ত্রনা শরীরে না ধরে
কিভাবে কাব্য লেখা যায়
আমি জানিনা।
অতিকায় আকাশের মুখোমুখি শুয়ে
ক্ষুদ্র আমার দিনান্তের আত্মকথন,
দিন কতক শব্দস্রাবের পর
কলমে আবার দীর্ঘকালীন খরা।
পৌষের ভোরে কবিরা ফুল হয়ে ফোটে,
অথচ আমার
পৌষের বিছানা জুড়ে বিষাদ,
সময় রেখার গায়ে দারুন জ্বর,
আমার চোখ জুড়ে শুধু
সমগ্র পৃথিবীর ভীষণ অসুখ,
আমার মৃত্যুরাতের কাব্যে লেখা ঘুম।

৪৬. আকাশ হয়ে ওঠার গল্প

আকাশ হয়ে ওঠার গল্প

মেয়েটি নদী হতে চেয়েছিল,
কিন্তু তা আর হলো না;
বাজারে বাঙালির মাছ পরখ করার মতো,
কেউ বা কারা
তাকে নেড়ে, ঘেঁটে,
উল্টেপাল্টে, কচলে, দুমড়ে
ফেলে রেখে গেল।
প্রকাশ্য রাজপথে
তার ঠোঁট, সভ্যতার জন্মকূহর থেকে
কাঁঠালের আঠার মত
গড়িয়ে পরলো গাঢ় লাল রং;
তার গাল ও জীবনামৃতধার ঢেকে রইল
রক্তকরবীর আভা;
তার গভীর সমুদ্রের মতো
শান্ত চোখ দুটিতে ভেসে উঠল প্রশ্ন,
" কেন? "
ঘটনাটির পর
আত্মীয়-স্বজন, পাড়া ও রাজ্য ,
দেশ ও দল , জাতি ও ধর্ম ,
বোধ ও বিবেক , মত ও আদর্শ
দুই দলে ভেঙ্গে গেল;
"কোথায়? কখন? কিভাবে?",
একই প্রশ্নের সহস্রবার

পুনরাবৃত্তি ও প্রত্যুত্তরের পর
কোর্ট থেকে বেরিয়ে
জামার দোকানে গিয়ে
সে একটি জামা কিনল,
ধবধবে সাদা একটি জামা,
তারপর আরেকটা,
তারপর আরেকটা,
কিনতে কিনতে
জামার দোকান শূন্য হল,
দেখতে দেখতে
জামার পাহাড়ে চাপা পড়ে গেল
মেয়েটির শরীর;
পাহাড়ের বাইরে তখনও
অশেষ কৌতুক, উঁকিঝুঁকি,
তখনও সবাই জানতে চাইছে,
" কোথায় ? কখন? কিভাবে?"
অকস্মাত জামা কাপড়ের পাহাড় সরিয়ে
ভয়হীন উলঙ্গ শরীরে মেয়েটি নেমে এলো রাজপথে,
অজস্র উলঙ্গ আত্মার ভিড় উপচে পড়া
রাজপথে,
মেয়েটি চিৎকার করে বলে উঠলো,
" যে পথে ঢুকে যেতে পারতো সমগ্র শরীর,
সে পথে শুধুমাত্র..."
কোলাহল করে উঠল ভিড়,
পরেরটুকু কেউ শুনতে চাইলো না।
মেয়েটি অট্টহাসিতে ফেটে পড়লো,
তার হাসির তীব্রতায় নিস্তব্ধ হয়ে গেল
প্রতিটি মুখ,
প্রতিটি চোখ স্থির হয়ে দেখল

তার মেরুদন্ডের শিহরণ জাগানো ঋজুতা।
সমবেত ভিড়ের গা বেয়ে ঝরে পড়া
অন্ধকার, ঋণাত্মকতা
মেয়েটিকে ছুঁতে পারছে না আর,
বাতাসের সাথে ভেসে বেড়ানো
সমাজ , সময় তাকে ভেদ করে
যাওয়া আসা করছে
অথচ তার চোখে নিপীড়িত হওয়ার
বিন্দুমাত্র ছাপ নেই,
কেউ আর তার দিকে মাইক এগিয়ে ধরল না,
কেউ আর জিজ্ঞেস করতে পারল না,
"কোথায়? কখন? ঠিক কিভাবে? "
যে মেয়েটি কখনও নদী হতে চেয়েছিল ,
এভাবেই একদিন সে আকাশ হয়ে উঠল।

৪৭. ঊষর

ঊষর

বসন্ত গতিহীন,
আসে যায় কথা রাখার দিন,
অকীর্তিত জীবনের গান,
ভেবেছিলাম
আগামীর হাতে তুলে দেব
সঞ্চিত নীল, লাবণ্য ম্লান।
অথচ দেখা হয়নি প্রেম,
তদন্তাধীন
আত্মহত্যা ও মৃত্যুর তফাৎ,
অবাধ্য কলমে
ধূসর আকাশ, অবসাদ ।

৪৪. সুখবাসা

সুখবাসা

জন্ম দাগ গায়ে মাখা লক্ষাধিক পেটের আগুন
আমার দিকে হাত বাড়িয়ে
আমার দুঃখবিলাসের মৃত্যু ডেকে আনে,
আমি মুখ ফিরিয়ে পায়েসের ঢেকুর তুলি,
কি ভীষণ প্রতিশোধ!
পরজীবীদের পাঁজরবাসের সব চিহ্ন
মুছে ফেলে অনন্ত মুঠো মুঠো মুক্তি বিলি করে,
রাত্রিকালীন বিনিদ্রা কাটানোর জন্য
তখন আমার ঘুমবড়ি, সুখগদির আরম্বরী আয়োজন,
মৃত্যু অপেক্ষার মতো তুচ্ছ কাজ করে
ক্লান্ত আমি অনন্তের বুকে কান পাতি,
তার শিরদাঁড়া জুড়ে ছোপ ছোপ
অভাবী জন্ম, মৃত্যু, প্রত্যাবর্তন,
তার চোখে যন্ত্রণা খুঁজবে বলে তাকাই,
সে মাথায় হাত বুলিয়ে দিতে বলে,
"আকাশের কখনো ছুটি হয় না।"

৪৯. আরও একবার

আরও একবার

ফিরে কি যাওয়া যায় না
জরায়ুর কোঠরে আবার?
মায়ের বুকে মুখ গুঁজে ঘুমানো দুপুরগুলোয়? নিশ্চিন্ত ওই ঘুমে,
অফুরন্ত উল্লাসে,
ক্লান্তিকে অজানা করা দৌড়াম্মে?
শুধু খেলনা নিয়েই খুশি থাকা দিনগুলোয়,
ব্যথাহীন আড়ি- ভাবগুলোয়,
বড়দের সম্মান করার ভদ্রতায়,
ছুটো ছুটির মাঝে পড়ে হাঁটু ছেঁড়ার যন্ত্রণায়,
কেঁদে উঠে ফের ভুলে হাঁসার ক্ষমতা
ফিরে কি পাওয়া যায় না?
বড় হওয়ার বিনিময়ে,
ফিরে গিয়ে কি সময় থামানো যায় না?
চলে যাওয়া দিনগুলো আরেকবার ফিরে আসুক,
হারিয়ে যাওয়া জীবন গুলো আরো একবার বাঁচুক।

৭০. দীন

দীন

প্রেমহীন দীর্ঘতম দিন পৃথিবীতে।
যে স্থানে অবহেলার রাজত্ব চলে ,
মানবিকতা অক্লেশে হেরে যায় দিনের শেষে,
শুধু রক্ত ঝরানোর কথা রাখে সবাই ,
ভালোবাসার বিন্দুমাত্র বিনিময় নেই ,অচল কড়ি,
আমার আর কোন সম্পত্তি নেই,
শুয়ে আছি কমহীনতায়।
সূর্য ঢলে,
দিনের শেষে একদল কালো ছায়ার আনাগোনা, রাতের কালোয়
জোড়া জোড়া কালো হাতের গলা টিপার ভয়,
শুধু ঘুম শান্তি দেয়!
মুখোশেরা সহজে গায়ে বেঁচে থাকার গান ,
অভিনয় যখন জীবনের একমাত্র সমাধান ।

শেষ অব্দি পড়ার জন্য ধন্যবাদ।

বই অথবা লেখা সম্পর্কিত কোনো রকম মতামত দিতে চাইলে বা নিজেদের গল্প জানাতে চাইলে suwrites2025@gmail.com এ মেইল করতে পারেন।